陈氏太极拳功法精要

魏光华 编著

人民体育出版社

图书在版编目（CIP）数据

陈氏太极拳功法精要 / 魏光华编著. -- 北京：人民体育出版社, 2025. -- ISBN 978-7-5009-6489-6

Ⅰ . G852.111.9

中国国家版本馆CIP数据核字第2024FA0341号

*

人 民 体 育 出 版 社 出 版 发 行
廊坊市蓝华印刷有限责任公司印刷
新　华　书　店　经　销

*

710×1000　16开本　12.25印张　216千字
2025年3月第1版　2025年3月第1次印刷
印数：1—3,500册

*

ISBN 978-7-5009-6489-6
定价：50.00元

社址：北京市东城区体育馆路8号（天坛公园东门）
电话：67151482（发行部）　　　邮编：100061
传真：67151483　　　　　　　　邮购：67118491
网址：www.psphpress.com

（购买本社图书，如遇有缺损页可与邮购部联系）

前　言

许多人都相信缘分，而缘分往往存在于生活中的阴错阳差之间。有时，虽近在咫尺却无缘得见；有时，虽寻觅数载却顷刻而得。我和泓生先生就有着一段因太极拳而结下的不解之缘。

1989年6月，我调到北京公交集团汽修分公司，在那里结识了泓生先生。泓生先生本名张进生，在汽车班工作，他的修车技术在厂里首屈一指，不论车辆出现什么故障，到他那里都会迎刃而解。泓生先生十分低调，不爱张扬，为人谦和，乐于助人，厂里人都亲切地叫他张老。听同事说，张老会太极拳，但具体是哪个门派，不是很清楚。大家平时在一起聊天，泓生先生也不聊太极拳。如果你直接问他，他也会岔开话题。我小的时候，街坊邻居当中也有几个练武术的，但他们都起得很早，等我7点钟起来时，他们都练完了。过去练拳一般都偷着练，不愿让人知道。泓生先生就是这种人，平时深藏不露。大家虽然知道他会太极拳，但谁也没有见过他打拳，对于他的功夫，也都不了解。后来我才知道，泓生先生练的是陈氏太极拳，并且造诣很深。他练的是陈发科传入北京的陈氏太极拳83式，拳架套路之外还有一套非常独特的太极功法。泓生先生之所以不肯将此功法轻易示人，一是因为这套功法得来不易，二是因为他对武术传承仍保持着传统的观念，思想保守些也是自然的。正因如此，我与泓生先生虽然在同一个单位相处9年，却不知道他掌握的这套精妙的太极功法，更谈不上向他请教学习了。也许那时我与泓生先生的太极之缘还没到吧！

1998年4月，泓生先生退休，同年10月我也调离北京公交集团汽修分公司。虽然我与泓生先生工作分开了，但仍保持着联系，每逢节假日也都互致问候，但都没有涉及太极拳的话题。直到16年后的一天，泓生先生的一个电话使情况发生了变化。2014年3月，泓生先生给我打电话，寒暄一阵之后，我就问他最近在做什么？他说奥体中心附近有个拳场，他带了几个徒弟。我问他都练什么，他说教他们打太极拳。我一听是太极拳，立刻来了兴致。我接着问他教的是什么太极拳，他说是陈氏太极拳。他说："我知道你也练陈氏太极拳，我教的和你练的绝对不一样，你肯定没见过。"他说电话里说不清，让我来拳场看看，以后到这儿一块练。

泓生先生的这种转变让我感到很意外，也很吃惊。他的思想一直很保守，怎么突然就想开了？还有他早就知道我练陈氏太极拳，却一直不说。不久我就去了泓生先生的拳场，看到他的几个徒弟在打拳，我就在旁边驻足观看。我觉得他们打的拳跟我学的有很大区别，圈特别多。我打的太极拳虽然也讲圈，但动作多为弧线，而泓生先生所传的拳是来回转圈，有的动作甚至要先转几圈再出手，很有特点，跟我看到过的陈氏太极拳确实不一样。当我问此拳的来历时，泓生先生对我说，他最初是师从李忠荫前辈习练陈氏太极拳，后又跟随陈照奎前辈继续学拳。李忠荫是陈发科的弟子，北京陈式太极拳研究会的第一届秘书长，还曾随"醉鬼"张三学过艺。泓生先生说，李忠荫师父人品极佳，有文化，颇有儒雅之气。教拳非常认真，一丝不苟。善推手，手法极轻，粘住你时你几乎没有感觉。一旦你一动，就会重心不稳，要栽倒。泓生先生是李忠荫前辈为数不多的弟子之一，去过西藏当兵，从部队复员回到北京后，因身体不好，便随李忠荫前辈习练禅功，后来身体慢慢好转。之后，又向李忠荫前辈学习陈氏太极拳。除了传授拳架，李忠荫前辈还传授给泓生先生一些特殊的太极功法，这使得泓生先生的拳风与众不同。

谈到陈照奎前辈时，泓生先生回忆说："我与陈照奎师叔见面大约是1968年。记得师父带我到儿童医院南公园去找陈师叔，师父说我把泓生带来交给你'搬弄搬弄'。自此，我就经常去找陈师叔学拳。"泓生先生讲："我很幸运，也很满足，真没想到，这辈子能够得到两位前辈名师的真传。"陈师叔去外地教拳时，大师兄杨文笏就负责看场子带拳。泓生先生与杨文笏先生关系很好，经常一起练拳，杨文笏也给他讲一些功法要领。因此，泓生先生得到了李忠荫、陈照奎两位太极拳前辈名师的传授以及师兄杨文笏的指点，经过勤学苦练，掌握了多种陈氏家传的练功方法，如托盘功、磨盘功等功法，还有走线板、抱月牙等缠丝技法。泓生先生所授陈氏拳法内容丰富，风格独特，功法称谓多源于民间日常生活，有着明显的生活印迹和传统气息。我问泓生先生："陈氏太极拳最核心的东西是什么？"泓生先生讲："记住，陈氏太极拳练的是'三转一提拉'，这才是真正的'玩意儿'"。我听后非常吃惊，我以前从来没听说过"三转一提拉"，也不解其意。于是就问他这五个字是什么意思。他接着说："三转是练肩圈、腰圈和胯圈这三个圈，一提拉是身法，统领全身，这才是太极拳要练的东西。一般人都知道陈氏太极拳有一、二路拳架和推手，但这并不是陈氏太极拳核心的东西，陈氏太极拳真正练的是功法，太极拳缺少了功法就等于没有了灵魂。表面上看大家打的太极拳都差不多，但是你会不会功法，拳里面带不带功，在内行人眼里是看得出来的。拳架动作只是皮毛，离太极真正的东西还差得远呢。拳架只是表象，功法才是核心，功法才是老的玩意儿。"泓生先生的一席话使我茅塞顿开，"三转一提拉"这五个字用词独特而精妙，言简意赅，寓意精深，点出了陈氏太极拳的本质，揭示了陈氏太极拳的核心内涵，堪称陈氏太极拳的五字要诀。

泓生先生思想较为保守，太极功法从不轻易传人，但到了晚年思想有所开放，时常谈起他师兄杨文笏对他说的话——"师弟呀，咱都这把年纪了，别老守着了，该拿出来就拿出来吧，不能把这么好的东西都带走了。"这也许是泓生先生晚年才开始教拳的原因之一吧。2015年10月，泓生先生又收了几个徒弟，还邀请我为其主持收徒仪式，并担当见证人。泓生先生的转变，使我有幸得见泓生先生所传陈氏太极拳的真容。我与泓生先生曾经一起工作9年而不知他对太极拳有如此深的造诣，而多年后，却因太极拳与泓生先生又聚在一起，这不能不说我与泓生先生，也可以说我与太极拳真的是有一种缘分吧。

泓生先生讲他当年学拳天不亮就起床，路上来回要花将近3小时，非常辛苦。由于这套功法得来不易，泓生先生视为珍宝，不肯轻易传人，再加上泓生先生较为低调，因此这套功法知道的人不多。

泓生先生教拳时用的大都是俗语，比如他发现你的动作线路走不圆，出现棱角时他就说："注意，别出'疙瘩炮'"。有时他把两臂一抱说："你知道'牛样子'吗？像牛样子就对了。"如果你对过去的生活，尤其是农村的生活不熟悉，经常会听不懂他的话。我过去在农村插过队，基本能明白他的意思，有时还给其他人当"翻译"。他说："我老师怎么教我，我就怎么教你们，就看你们下不下功夫。"

泓生先生一生痴迷太极拳，晚年致力于太极拳的传播推广，"泓生"是其佛教法号，他常说："练拳跟修佛的道理一样，要有恒心和信心，要肯下功夫。"直到2019年8月泓生先生去世前，他在医院里还念念不忘太极拳，在病榻上还在研究太极拳的功法要领。泓生先生病逝后，他的几位入室弟子找到我，请我牵头带领大家练拳。他们说："师父虽然仙逝了，但我们这个团队不能散，大家要继续练下去，要把泓生先生所传一脉陈氏太极拳法传承下去。"这样一来，我就从学员变成了教员。大家对我的信任和认可给我一种使命感，促使我要更加努力，要能担负得起这一份信任。

虽然我习练陈氏太极拳也有许多年了，但泓生先生的这套拳法以前我却从未见过，我被这套独特而又精妙的拳法深深地吸引住了，所以学拳时我非常用心，每次从拳场回来，我都会把泓生先生所讲内容用电脑记录下来，生怕忘了。就这样，我逐渐积累了不少学拳的资料。我想，给大家讲拳要以泓生先生讲拳的角度去解读这套拳法，与大家共同习练和研究。于是，我便着手整理平时的学拳笔记。经过归纳整理，这些看似零散的资料，相互之间的联系和逻辑关系逐渐清晰。我发现，泓生先生传授的这套太极拳，其重点并不在于拳架套路和具体招式，而是一套注重基本功训练的太极功法，以功法入拳，拳才有内涵，拳架才显厚重。这一点我深有体会，泓生先生讲拳时总是强调转托盘、转胯、转踝子这些，总之老在讲转。后来我才真正明白，泓生先生平时讲拳其实都在讲功法。记得刚开始学拳时，泓生先生就让我站三七步练转胯，新学员来了也都是这样，其实就是在教大家磨盘桩。这种注重功法训练并将功法带入拳架的方法，正是泓生先生教拳的一大特点。

泓生先生传授的这套太极功法是依据人体骨骼结构特

点，以三节要论为理论基础的整体功法构架。人体的上肢、躯干、下肢三大节，手脚两端梢节，以及三大节连接部位的肩背和腰胯，都有与之相对应的功法，人体的肩、肘、腕、胸、腰、腹、胯、膝、踝九大关节都能练到，功法较为全面，覆盖全身各节。这套太极功法传承有序，技法精妙，风格古朴，视角独特，构架完整，十分难得。

泓生先生传授的陈氏太极拳传统功法，是一套较为完整的功法资料，也是一份珍贵的太极拳文化遗产，值得向广大的太极拳爱好者推荐。这套功法得以出版发行，既是为祖国太极文化的传承和发展增添一道色彩，也是对泓生先生毕生心血的见证和纪念。

溪柳堂主魏光华

2024年10月

作者与泓生先生合影

目 录

第一部分　陈氏太极拳功法精要

第一章　陈氏太极拳的传承和特点 ……………………………（2）
　　第一节　陈氏太极拳的传承 ……………………………………（2）
　　第二节　陈氏太极拳的特点 ……………………………………（5）

第二章　陈氏太极拳基础功法 …………………………………（16）
　　第一节　托盘功 …………………………………………………（16）
　　第二节　缠丝手 …………………………………………………（35）
　　第三节　折门板 …………………………………………………（42）
　　第四节　丹田内转功 ……………………………………………（45）
　　第五节　腰胯折叠 ………………………………………………（50）
　　第六节　磨盘功 …………………………………………………（53）
　　第七节　转踝子骨 ………………………………………………（59）
　　第八节　身法要诀 ………………………………………………（61）
　　第九节　功法组合 ………………………………………………（70）

第三章　太极开门手 ……………………………………………（84）
　　第一节　双缠手 …………………………………………………（85）
　　第二节　太极缠手 ………………………………………………（92）

第三节　内圈缠手 ……………………………………（98）

第四节　外圈缠手 ……………………………………（103）

第五节　开合缠手 ……………………………………（108）

第四章　太极拳推手 ………………………………（114）

第一节　推手简述 ……………………………………（114）

第二节　单推手 ………………………………………（115）

第三节　双推手 ………………………………………（125）

第五章　太极拳劲法 ………………………………（131）

第一节　太极拳的八种劲法 …………………………（131）

第二节　粘黏连随 ……………………………………（135）

第三节　虚实劲 ………………………………………（138）

第四节　缠丝劲 ………………………………………（139）

第二部分　泓生先生授拳实录

明三节 …………………………………………………（142）

三转一提拉 ……………………………………………（144）

托盘功 …………………………………………………（146）

走线板和抱月牙 ………………………………………（148）

拜佛手 …………………………………………………（149）

咬手指 …………………………………………………（150）

弹琴手 …………………………………………………（151）

磨盘功 …………………………………………………（153）

转尾间和摇尾巴 ………………………………………（155）

转踝子骨 ………………………………………………（156）

三七步 …………………………………………………（158）

十字手 ……………………………………………………（160）

折合页 ……………………………………………………（161）

割镰刀 ……………………………………………………（162）

风摆柳 ……………………………………………………（163）

小溪潺潺 …………………………………………………（164）

捆劲 ………………………………………………………（165）

鱼跃劲 ……………………………………………………（166）

蛤蟆骨朵 …………………………………………………（167）

拧羊耳 ……………………………………………………（168）

小鸡啄米和小鸡望鹰 ……………………………………（169）

鸟回头和勾子手 …………………………………………（170）

附：陈氏太极拳83式动作提示 ……………………………（172）

第一部分

陈氏太极拳功法精要

第一章　陈氏太极拳的传承和特点

第一节　陈氏太极拳的传承

太极拳是以阴阳理论为基础，结合易学的阴阳五行、中医经络学、古代导引术和吐纳术，经过历代太极拳家的发展和演变而形成的一种动作舒缓柔和、内外兼修的传统拳术。按照王宗岳《太极拳释名》所讲，太极拳又称长拳，因其有掤、捋、挤、按、採、挒、肘、靠、进、退、顾、盼、定十三法，故又名十三势。太极拳门类众多，其中最有代表性的有陈氏、杨氏、武氏、吴氏、孙氏五大流派。

太极拳集养生健身和实战技击于一体。在养生方面，太极拳讲究以意导气、以气运身，气达四梢、疏经通络，对于保持人体神经系统、消化系统、心血管系统的健康都有良好的作用；太极拳强调腹式呼吸，行功走架讲究虚领顶劲、气沉丹田，对于加强脊柱、防止驼背很有帮助；同时，对于保持骨骼肌肉及各关节的活力，促进新陈代谢、防止衰老具有积极作用。太极拳是一项合乎生理规律、具有养生功能的健身运动项目。在技击方面，太极拳取法于太极图，图中阴阳双鱼同在一个圆中，表明攻防是一种对立统一的关系；阴阳鱼各有一眼，说明阴中寓阳、阳中寓阴的阴阳辩证关系；阴阳鱼头尾相连，表示阴阳盛衰的趋势变化和物极必反的转换关系。太极拳根据太极图确立了"我守我疆、不卑不亢"的主旨，体现出以守为攻、后发制人的特点。"我疆"即自身周围手脚能够触及之处组成的防御范围，这个防御范围是以自身为中心的立体圆，"我守我疆"即要守住这个圆。太极拳就是在这个圆圈内打拳，出圈称为"出隅"，这就决定了太极拳以曲破直、劲走圆弧、劲走螺旋的特点。太极拳不主张主动进攻，即便主动出手也是为了引出对方的劲，以便借力打力。练太极拳要求肩、肘、腕、胯、膝、踝等各个关节的运动都要走缠丝，各个关节也就形成了各自的缠丝圈，这些缠丝圈组合起来，相互作用，走出的劲就是螺旋缠丝劲。太极拳不以拙力胜人，而是通过虚实转换、粘黏走化、引进落空，以小力胜大力，并以借力打力、四两拨千斤为上乘功夫。由此可见，太极拳从指导思想到实战技法都与以主动进攻、直线快打为主的一些搏击项目有很大区别。

根据太极拳所具有的养生健身和实战技击两种功效，习练者可根据自身条件和练拳的目的而定。如果是为了健身，则应以养生健身为主，平时练拳要舒缓、松柔，"以意导气，以气运身"，以疏通身体经脉，增强身体各部机能，提高身体素质为目的。如果是想练技击，则更应以健身为基础，进而学习太极拳的实践技术，因为没有好的体魄更谈不上技击格斗了。目前，太极拳已遍及全球，成为受广大人民群众喜爱的健身运动项目之一，是世界上传播最广的拳种，并被联合国教科文组织列入世界非物质文化遗产名录。

陈氏太极拳发源于河南温县陈家沟，相传为明末清初陈王廷所创。其特点是刚柔相济、意气相合、节节缠绕、劲走螺旋，动作沉着稳健、连绵不断，呼吸讲究丹田内转，用劲以腰为主宰，梢节领、中节随、根节催。陈氏太极拳以缠丝劲为技术核心，缠丝劲在河南方言中又称麻花劲，运劲如拧麻花或拧毛巾。陈鑫在其所著的《陈氏太极拳图说》中说："吾读诸子太极图而悟打太极拳，须明缠丝劲。缠丝者，运中气之法门也，不明此，即不明拳。"

1928年，陈发科应邀从河南温县陈家沟到北京教拳，后定居北京。在此之前，北京流传的主要是杨氏太极拳。陈氏太极拳一经传入，就引起了北京武术界的轰动，人们无不为陈发科那精湛的拳法所折服。当时的诗人杨敞写诗赞道："都门太极旧称杨，迟缓柔和擅胜场，不意陈君标异帜，缠丝劲势特刚强。"后经陈照奎、田秀臣、李经梧、李忠荫、雷慕尼、冯志强等前辈传承推广，陈氏太极拳也逐渐为更多的人所熟知。

李忠荫是陈发科的亲传弟子，也是北京陈氏太极拳第二代传人及北京陈式太极拳研究会第一届秘书长。北京陈式太极拳研究会成立后，李忠荫不但忙于研究会里的工作，还要到各地教拳讲课，为传承和弘扬陈氏太极拳作出了贡献。早年，李忠荫曾随"醉鬼"张三学过艺，修炼禅功、吐气法等内功功法，后专心研究和习练陈氏太极拳。李忠荫谈吐文雅，为人谦和，对太极拳理论研究颇深，以太极推手见长，尤善大捋，以轻灵著称。李忠荫原住琉璃厂东北园，离陈发科的住处不远。有时李忠荫因有事几天没去拳场，陈发科就会到李家找他父亲问："小子怎么没来练拳呀？"他父亲赶紧说："等他回来我就叫他去。"由于父辈们看得紧、管得严，李忠荫的太极拳功底很扎实，拳架舒展大气，稳重端庄，深得陈家拳法真传。

泓生先生是李忠荫为数不多的弟子之一，从部队复员回到北京后，因身体不好，便随李忠荫习练禅功，后学陈氏太极拳。除了传授拳架，李忠荫还传授给泓生先生一些太极功法，这使泓生先生的拳风与众不同。泓生先生讲："李忠荫前辈善推手，而且手法极轻，丝毫感觉不到他的力量，与他搭手就好像站在了悬崖边，晃晃悠悠的，一用力就会失去重心，站立不稳。"可见李忠荫粘黏连随的基本功扎实，借力的时机掌握得好，真正展现出太极拳技法的精妙。

泓生先生回忆说："我师父与陈照奎师叔最要好，两人在一块闲话不谈，就是谈拳练拳。我与陈师叔见面大约是1986年，自此，我一有时间就会去找陈师叔学拳。陈师叔的拳，集小转、振抖、拿採、腰腹旋转于一体，非常独特。在北京的弟子中练得好的就属师兄杨文笏了。师叔不在拳场时，杨师兄就负责带拳，照看场子。杨师兄时常跟我说：'太极拳里的东西多着呢，你要多练桩功和九宫步。'杨师兄打拳，拳架相当低，几乎跟坐在地上一样，但动作仍很轻灵，舒展大方，腰腹旋转一体，行拳快慢相间，转换流畅自然，没有一点含糊之处，看他打拳真是一种享受。杨师兄功力深厚，拿法精妙，推手技法纯熟，颇有师叔陈照奎的遗风。"

泓生先生一生酷爱太极拳，深得李忠荫、陈照奎两位太极前辈名师的真传和同门师兄杨文笏的指点，掌握多种陈氏家传的练功方法。泓生先生讲："我们这一代人思想比较保守，当初学拳十分不易，师父教拳是有选择的，有些功法只传给少数弟子，不是谁都教。所以，外边知道的人很少。"随着时代的发展，泓生先生的思想也在转变，想把自己掌握的太极拳传统功法传承下去，用他师兄杨文笏的话说："师弟呀，咱都这把年纪了，别老守着了，该拿出来就拿出来吧，不能把这么好的东西都带走了。"泓生先生正是出于对太极拳不舍的情怀和传承的责任感，促使了他的思想转变，才使得泓生先生掌握的这门陈氏太极拳功法得以传承。

泓生先生讲："太极拳不在拳架，不在招式，而在于功。陈氏太极拳练的是'三转一提拉'（提拉dī la），这是太极拳的核心。拳架和功法虽然是两回事，但练拳架必须以功法为基础，这样拳里才有东西，拳架才不空。练拳和写字是一个道理，练字首先要练基本笔画，基本笔画写不好，整个字就写不好。有的人行草书写得虽然很流畅，但不会用笔，一旦写楷书就被难住了。如果不苦练基本笔法，必定笔力孱弱，字就像水面上的浮萍一样没有根基。练拳和写字的道理是一样的。"

泓生先生所传太极功法颇具特色，"三转一提拉"是核心，还有托盘功、磨盘功、走线板、抱月牙、风摆柳、小溪潺潺等独特的功法。泓生先生传授的陈氏太极拳不仅是拳架套路，还有一套相当完整的太极拳功法。将功法融入拳法，体现出泓生先生所传拳法的独特风格。

这套太极拳功法的核心，就是"三转一提拉"五字要诀。其中"三转"是指三个圈，即肩圈、腰圈和胯圈。这三个圈对应着三种功法，分别是托盘功、丹田内转功和磨盘功。这三种功法是陈氏太极拳的核心功法。此外，还有四种辅助功法，叫作"两缠两折叠"。"两缠"，包括缠丝手和转踝子骨。"两折叠"，包括胸背折叠和腰胯折叠。"一提拉"是身法要诀，包括身法和步法。每一种功法都包含着功法的一些基本元素，这些基本元素就像是建筑上的基础原材料，这些原材料可组成基础构件，再由基础构件组成建筑的整体构架。这套功法层次分明，结构合理，逻辑关系清楚，构架完整，不仅是一份十分难得的太极拳训练和教学资料，也是非常宝贵的太极拳文化遗产。

第二节 陈氏太极拳的特点

一、以明三节、知阴阳为基础理论

几百年来，太极拳在历代太极拳家和广大爱好者的不断研究和共同推进中发展，逐渐形成庞大的理论体系，内容非常丰富。太极拳理论大致可分为哲理、医理和拳理三个方面，这其中的很多内容已经渗透到人们的日常生活中。太极拳发展到今天，其作用已经大大超出了武术的范畴。泓生先生传授的这套陈氏太极拳传统功法同样是有基础理论做支撑，这也使得这套功法更加完善。泓生先生讲："练太极拳首先要明三节、知阴阳，然后再学拳。"而明三节、知阴阳，正是太极功法的理论基础。

（一）明三节

明三节、知阴阳是历代太极拳家的经验总结，为太极拳习练者提供了理论依据。虽然太极拳理论非常丰富，但明三节、知阴阳是最基础的理论，对习练本套太极功法具有非常重要的指导意义。明三节是太极拳的三节要论，是从习练太极拳的角度对人体骨骼结构进行的科学分类。人的运动系统是由骨骼、关节和骨骼肌组成，运动中骨骼起杠杆作用，关节是运动中枢，骨骼肌是动力器官。为了在运动中避免或减少对骨骼、关节和骨骼肌造成伤害，就要掌握正确的练功方法，因而要对人体骨骼结构有个大致的了解，这使得太极拳的训练更加科学，更加符合人体运动规律。三节要论是根据人体骨骼结构特点将人体上肢的手臂、躯干部位和下肢的腿脚分别定义为上、中、下三大节，又称上、中、下三盘，而每一大节又分为根、中、梢三小节，这种分类称为三盘三节，建立在三节构架上的功法理论就是太极拳的三节要论。学拳之初需要懂得什么是人体的三盘三节，这就叫"明三节"。

陈长兴在《太极拳十大要论》中关于三节有非常全面且精辟的论述，摘录如下。

> 夫气本诸身，而身节部甚繁，若逐节论之，则有远乎拳术之宗旨；唯分为三节而论，可谓得其截法。
> 三节，上、中、下或根、中、梢也。
> 以一身言之：头为上节，胸为中节，腿为下节。
> 以头面言之：额为上节，鼻为中节，口为下节。
> 以中身言之：胸为上节，腹为中节，丹田为下节。
> 以腿言之：胯为根节，膝为中节，足为梢节。
> 以臂言之：膊为根节，肘为中节，手为梢节。
> 以手言之：腕为根节，掌为中节，指为梢节。
> 观于此，而足不必论矣。然则自顶至足，莫不各有三节也。要之，莫非三节之所，即莫非着意之处。盖上节不明，无依无宗；中节不明，满腔是空；下节不明，颠覆必生。由此观之，身三节部，岂可忽也！
> 至于气之发动，要从梢节起，中节随，根节催之而已。此固分而言之，若合而言之，则上自头顶，下至足底，四肢百骸，总为一节，夫何为三节之有哉！又何三节中之各有三节云乎哉！

陈长兴的三节论是在充分理解和认识人体骨骼结构特征及运动特点的基础上提出的，是对人体骨骼构造进行的科学划分。三节论不仅阐明了人体骨骼的层次关系，而且对运气发劲基本原理也作了精辟论述，对学习太极拳具有十分重要的指导意义。

根据陈长兴的三节论，结合太极拳的具体功法，可将人体三节归纳如下。

上盘的三节分别是以肩关节以及连接的上臂为根节，以肘关节以及连接的前臂为中节，以腕关节以及连接的手为梢节，简称肩、肘、腕。

中盘的三节以脊柱来划分，颈椎及头部为梢节，胸椎所在躯干部分为中节，腰椎及以下至尾骨为根节，简称头、腰、腹（头指头颈、腰指胸腰、腹指丹田小腹）。

下盘三节分别是以胯关节及所连接的大腿为根节，以膝关节及所连接的小腿为中节，以踝关节及所连接的脚为梢节，简称胯、膝、踝。

三盘三节论与太极拳的具体功法是有对应关系的，三盘既是三个独立的单元，又相互联系，相互影响，相互作用，四肢百骸，总为一体。

练拳之初须明三节，只有正确认识三节要论才能理解梢节领、中节随、根节催的"气之发动"原理，才能明白各节之间相互作用所产生的阴阳虚实变化，才能正确理解身体上、中、下三盘各节贯串一气、处处缠丝、劲走螺旋的真正含义。

就全身而言，头为上节，是周身之首。故头须端正，虚领顶劲，神情内敛，目光集中，嘴唇微合，呼吸自然。如果上节不明，则会身形涣散，精神无法集中，全身没有统领，拳法就无依无宗。

躯干为中节，须松肩沉肘，含胸拔背，气沉丹田，立身中正安舒，支撑八面。否则即为中节不明，满腔是空，劲之发动没有主宰，气血不畅，身法不灵。

大腿根到脚底为下节，是全身之根基，步法要稳，支撑全身，圆裆开胯，合膝裹踝。否则会重心不稳，没有支撑，如大厦失去梁柱，颠覆必自生。

陈氏太极拳练的是螺旋缠丝劲，通过缠丝圈的训练使身体各节运动产生螺旋缠丝劲。俗语说："三节不明，用招不灵。"不明三节则很难把握身体重心变化和虚实转换。太极拳浑身皆是手，处处可发，处处可打，身体各节相互作用使劲力产生虚实、开合、轻重、急缓等变化。如果不参透三节，不依三节之法修练，则三节不灵，功夫难以上身。

三节要论是太极功法的理论依据，太极功法是三节要论的具体体现。练太极拳不仅要弄明白什么是三节，如何划分三节，还要弄明白三节上有哪些节点。比如上肢的肩、肘、腕就是三个节点，旋转这三个节点就形成三个圈，三点之间要分阴阳、有虚实变化。节点之间的虚实变化就如同《易经》卦象的六爻一样分为阳爻和阴爻。阳爻为实，阴爻为虚。当腕肘两点同时受力时就需要掤住一点松开一点，掤腕松肘或是掤肘松腕，这就分阴阳或分虚实。腕肘同时用力抵住来力而不松开就是双重，双重是病，如果能够松开其中一点就分出了阴阳或虚实，产生了阴阳虚实变化。肩、肘、腕三点受力共有六种变化，分别为虚虚实、实实虚、虚实实、实虚虚、虚实虚、实虚实。除了肩、肘、腕三个节点，还有上臂和前臂，上臂、前臂的拧转是自转缠丝，肩、肘、腕与上臂、前臂组合起来就形成了手臂整体螺旋缠丝圈。要通过基本功法的训练掌握基本缠丝圈的练法，继而将各节贯穿组合，训练整体的螺旋缠丝劲。

泓生先生传授的三盘功法是核心功法，三盘功法建立在三节要论基础之上，明三节是功法训练的前提。三盘功法与三节相对应。上盘对应托盘功，中盘对应丹田内转功，下盘对应磨盘功，再加上辅助功法共同形成完整的功法构架。就三盘而言，各盘又分三节，而各节又各有缠丝圈。上盘各节的圈组成上盘缠丝圈，中盘各节的圈组成中盘缠丝圈，下盘各节的圈组成下盘缠丝圈，而三盘的缠丝圈又组成全身整体的缠丝圈。由三节到三盘再到整体，由小到大，层层递进，层层有圈，环环相扣，这就是三节要论与功法之间的关系，明白了这种关系，练功就更加明确。功法训练不要急于求成，要由简到繁，循序渐进。比如练上盘缠丝圈，应先分清腕圈、肘圈、肩圈，掌握其练法。既要掌握每一小圈的要领，练出单圈的劲法，又要练出各节配合、统领整体的能力。同理，其他各盘功法均应如此。

（二）知阴阳

王宗岳在《太极拳论》开篇就说："太极者，无极而生，动静之机，阴阳之母也。"说出了太极拳的本质和核心。太极拳之所以能够以弱胜强、以耄耋御众、四两拨千斤，就是源于阴阳变化理论。以粘黏连随之法，培养知觉意识，克服丢扁顶抗之病，掌握舍己从人、借力发力的技能，进而达到阴不离阳、阳不离阴、阴阳相济的高级境界。

在太极拳法中，虚实、刚柔、轻重、急缓等都是阴阳关系的具体体现，这种阴阳关系是对立统一的。太极拳能够以螺旋缠丝运动使对立的双方发生变化，并且能相互转化，从而将对立的双方统一于一体，动之则分，静之则合，阴阳互变，刚柔相济，形成一种风格独特、技法精妙的拳种。

知阴阳，要以三节为参照，身体各节均有阴阳之分，如肩、肘、腕三节各有阴阳，肩阳则腕肘必有一阴，不可均为阳，肩阴则腕肘必有一阳，不可均为阴。如肩、肘、腕合为一体，其阴阳关系就要以两臂来对比区分，或与腰、腹、胯、腿等其他部位来对比区分。也就是说，在练拳时，身体各节要有虚有实、有轻有重，动作有缓有急、有刚有柔，并能相互配合，相互转化。"你想我为实而我却虚，你想我为重而我却轻，你想我是急而我却缓，你想我是刚而我却柔。"正如陈王廷《太极拳总歌》中所说的："纵放屈伸人莫知，诸靠缠绕我皆依。"其中每个字都蕴含着阴阳相济的哲理。阴阳相济的变化理论是太极拳总的指导思想，也是太极拳的总纲。

二、以"三转一提拉"为核心的功法构架

"三转一提拉"是泓生先生所传陈氏太极拳传统功法的五字要诀，是整体功法构架的核心，整套功法的丰富内容正是围绕这五个字层层展开的。

"三转一提拉"五字要诀中的"三转"指的是三盘功法，"一提拉"是身法要诀。三盘功法包括核心功法和辅助功法。核心功法分别为上盘的托盘功、中盘的丹田内转功和下盘的磨盘功，又称为转三盘。辅助功法分别为缠丝手、转踝子骨、胸背折叠和腰胯折叠。核心功法和辅助功法统称为："三转一提拉，两缠两折叠"。其中包含了旋转、缠丝、折叠三种运动形式。身法要诀包括身法和步法，要求行拳时身体重心保持稳定，步法变化灵活。其中还有对中和护中的技法——对中，是要找到并对准对手身体重心的中线；护中，是要护住或者隐藏自己身体重心的中线。总之，要在运动中保持自己的重心稳定平衡，并找到对手的弱点进行反制。

（一）核心功法

陈氏太极拳的核心功法即转三盘，是与人体上、中、下三盘相对应的三种功法，这三种功法是陈氏太极拳的基本功法。其中，上盘功法是托盘功，也叫转托盘；中盘功法是丹田内转功，也叫转丹田；下盘功法是磨盘功，也叫转磨盘或推磨盘。

1. 托盘功

托盘功又叫转托盘，是上盘功法。上盘指上肢的肩、肘、手，主要是通过

手臂的缠丝圈练上盘的缠丝劲。转托盘由走线板和抱月牙两个技术动作各走出半个圆弧，组成一个完整的缠丝圈，并通过线板和月牙的交替转换训练手臂的阴阳变化能力和缠丝劲。转托盘分为正托盘和反托盘。右手的顺时针圈为正托盘，逆时针圈为反托盘；左手的逆时针圈为正托盘，顺时针圈为反托盘。

托盘功主要是通过手臂公转走出的圆圈和手臂自转缠丝的组合运动，训练肩、肘、腕三大关节相互配合的能力，从而产生劲路的阴阳变化，达到无过不及、随曲就伸、人不知我、我独知人的境界。

2. 丹田内转功

丹田内转功又叫转丹田，是中盘功法。人体的丹田可分为上、中、下三个位置，两眉中间印堂穴为上丹田，又称"泥丸"；胸部膻中穴为中丹田，又称"绛宫"；下丹田在脐下小腹部，包括关元、气海、神阙、命门等穴位。我们常提到的丹田一般是指下丹田，位置在脐下三寸，小腹正中线，为任脉之关元穴深处，在命门与神阙二穴连线的中点处。为任、冲、督三脉之发源地，是全身经气聚集之处。

通过转丹田养丹田之气，固肾健体，增强腰背功力，提高胸腰运化的能力，增强中盘功力，并带动身体旋转，通过胸背和腰胯使丹田之气达于四肢，主宰全身整体的螺旋缠丝运动。

3. 磨盘功

磨盘功又叫磨盘桩或转磨盘，是下盘功法。下盘是指身体下肢部位，包括胯、膝、足。磨盘功要结合腰胯折叠和后腿的压弹簧一起练，辅助功法还有转尾闾、转踝子骨等。磨盘功有马步桩和三七步桩，马步桩是侧重腿部功力训练的桩功，三七步桩则是侧重身法重心虚实转换的桩功。

（二）辅助功法

陈氏太极拳的辅助功法为两缠两折叠，两缠是缠丝手和转踝子骨，两折叠是胸背折叠和腰胯折叠。缠丝手是上盘梢节的功法，是手指领劲顺逆缠丝；转踝子骨是下盘梢节的功法，是通过转脚踝带动足部旋转缠丝。缠丝手和转踝子骨是梢节功法，分别对应手三阳、三阴和足三阳、三阴的十二条经络。以梢节领劲带动十二经络，能取得良好的保健养生效果。胸背折叠是练胸背开合的功法，带动上盘和中盘联动。腰胯折叠是练腰胯虚实转换的功法，带动中盘和下盘联动。两折叠是三盘功法的纽带，两缠是三盘功法的延伸。核心功法与辅助功法共同构成了陈氏太极拳完整的功法构架，使全身各部得到全面锻炼。

1. 缠丝手

缠丝手是手指领劲的缠丝功。太极拳发劲要求梢节领、中节随、根节催。手指为梢节，要领劲，领劲为先导，需要手指灵活，具体方法就是手指的缠丝。缠丝有公转和自转，有正反缠丝及顺逆缠丝之分。缠丝手是手指领劲的缠丝功法，是通过一指领劲，其他指依次或围绕领劲指跟进，并带动大小鱼际阴阳转换和手腕旋转的缠丝运动。手为上盘的梢节，而手又有腕、掌、指三节。缠丝手不仅是手部自身的缠丝，而且要带动手臂缠丝，形成身体上盘的整体缠丝。缠丝手的关键在于领劲，并带动上臂缠丝，继而牵动全身，其重要性不言而喻。

2. 转踝子骨

转踝子骨有两种方法，一种是定步法，另一种是悬空法。定步法是脚踩地面，脚固定不动原地旋转的方法；悬空法是脚离地面在空中旋转的方法。拳论上说劲起于脚，说明劲从脚下生。定步转脚踝是练脚下发劲，脚踩地面转踝子骨，催动膝、胯、腰、肩、肘、手各节，将脚下之劲传于手上，这就是太极拳劲起于脚、主宰于腰、形于梢的发劲原理。悬空转脚踝是踝关节悬空转动带动脚与脚趾做缠丝运动，通过足部六条经络，疏通相关经脉的气血，起到非常有效的保健养生作用。

3. 胸背折叠

胸背折叠功又叫折门板或折合页，是连接上盘圈和中盘圈的功法，左右胸部或背部就像两扇门板，以脊柱为轴前后折叠。开胸则合背，开背则合胸。胸背折叠功可增加胸背的开合幅度，提高胸背的灵活程度。胸背不开，肩圈不活。胸背是连接上盘和中盘的关键部位，因此，胸背折叠带动两肩及上肢运动，可锻炼上、中盘密切配合的能力，促使上、中盘的劲力和气血贯穿。

4. 腰胯折叠

腰胯折叠是练丹田内转功和磨盘功时腰胯所做的内折和外展运动，是丹田内转功和磨盘功的辅助功法。腰胯是连接躯干和下肢的部位，起到连接中盘和下盘的作用。腰胯折叠并非直线运动，而是配合身体旋转的折叠运动。练丹田内转功和磨盘功时腰胯转水平圈，当胯向内转时，则腹股沟向内折，当胯向外转时，腹股沟向外展。

（三）身法要诀

"三转一提拉"中的"一提拉"讲的是对身法的要求，有两个含义：一是讲身法的稳定性，二是讲身法的灵活性。武禹襄《身法八要》中的"涵胸拔背，裹裆护肫，提顶吊裆，松肩沉肘"和王宗岳《太极拳论》中的"虚领顶劲、气沉丹田、不偏不倚"，讲的是身体的稳定性。陈长兴《太极拳十大要论》中论述身法的"夫发手击敌全赖身法之助，身法维何？纵、横、高、低、进、退、反、侧而已"，讲的是身体的灵活性。身体重心既要保持稳定，又要求移动灵活，这种辩证统一的关系就是身法要论的核心。"一提拉"是统领全身各节的要领，练功时好像有一根无形的线在头顶向上提，要意想古钟顶上的挂环，自百会穴向上领起，尾闾似有线锤稳住（线锤是建筑施工时用于吊线的工具）。上自百会穴，下至尾闾穴，贯串一气，统为一体。

总之，泓生先生传授的陈氏太极拳传统功法，是以三节要论和阴阳理论为依据，以三盘功法为核心、身法要诀为统领、辅助功法为关联，层次分明，结构完整的功法体系。

三、以功法为基础，以拳架为载体的练功理念

缠丝劲是陈氏太极拳的一大特点。关于缠丝劲，陈鑫是这样说的："太极拳，缠法也"。要求"缠法如螺丝形运于肌肤之上""平时运动，恒用此劲"，与人交手时应"其权衡皆本于心，物来顺应，自然合进退、缓急、轻重之宜"。若要将缠丝劲运于肌肤之上，使这种功夫上身，就要了解缠丝劲的特点，掌握正确的训练方法。有的人认为只要苦练拳架套路就能把缠丝劲练出来，以每天练多少遍为标准。殊不知拳架也是有区别的，只空练拳架是练不出效果的。古人说："练拳不练功，到老一场空。"讲的非常有道理，点出了拳架和功法的关系。经过长期流传和发展，陈氏太极拳演变出多种套路，有83式、74式、56式等。如果只关注拳架套路的外在形式，而不去关注其内涵，不

了解拳架套路所依赖的基础，打的遍数再多，也只是重复动作而已，根本没有接触到太极拳的本质。泓生先生传授的太极拳是一套完整的陈氏太极拳传统功法，与拳架套路不同，但又与拳架套路有着密切的关系。功法是拳架的基础，是太极拳的本质和核心，拳架只是功法的载体，是太极拳的一种表现形式。

练太极拳首先要明三节，知阴阳，以理论指导实践。按照功法构架层次要求从最基本的缠丝手开始，由浅入深，层层递进，最后进行功法组合，掌握功法整体构架。而后再学拳架套路，并将功法融入拳架套路。其实，先学拳架套路，或同时学习功法和拳架都是可以的，没有固定模式。只要正确理解功法与拳架的关系，坚持以功法为基础的理念，怎么练效率更高，则要根据个人的实际情况而定。

以功法为基础，以拳架为载体的功架合一理念，妙在功法贯穿拳架始终。如托盘功当中的走线板和抱月牙这两个技法，在许多招式中都有体现，金刚捣碓、懒扎衣、单鞭、斜行等招式都有这两个动作。打拳关键看的是走线板和抱月牙这些基本功是否扎实，而不是看具体招式动作是否到位，是否美观大方。看拳的角度和练拳的理念不同，所产生的效果就会有很大区别。只有以功法为基础的拳架才符合拳理，才能领会太极拳的真正内涵。

泓生先生传授的这套陈氏太极拳传统功法有核心功法，也有辅助功法，还有身法要诀，内容非常丰富，身体各节都有与之对应的功法，紧扣拳理，贴近实际。总之，抓住规律，摆脱形式，追求本源，采用正确的方法和途径才能真正进入太极殿堂。

四、实用的太极开门手

太极开门手是将太极拳招式的起手式作为攻防当中防守门户的实用手法，是太极拳实用技击的重要组成部分。传统武术称突破对方防守架势为开门，也就是打开对方防守门户的意思。那么，打开对方防守门户的手法则称为开门手。同样防守方要护住自己的门户，并随时伺机反击，其防御的手法也叫开门手。

太极开门手是根据太极拳的运动规律，从拳式中提炼出来的。陈氏太极拳套路中共有几十个招式，对这些招式进行分解后就会发现，每个招式基本都是由两部分组成：一部分是起手式，另一部分是本式（或本招）。起手式是接手，本式是攻防的正式招式。如金刚捣碓式，先由双手同向缠绕动作开始，然后进步上冲拳和震脚砸拳。其中双手同向缠绕动作就是起手式，称为双缠手，其作用是接手拦防对方的攻击，这就是开门手。后面的进步上冲拳和震脚砸拳则是该招式的本式。太极拳的招式虽然多，但起手式是有规律可循的。根据陈氏太极拳的特点和运动规律，将单手的缠丝圈定为陈氏太极拳最基本的缠丝圈，双手缠丝圈的组合则可产生五种不同的变化，形成五种组合缠丝圈，这五种组合缠丝圈就是五种组合缠丝手。这五种组合缠丝手又分别包含了五种防守架式，也就是五种开门手。太极拳的招式基本上都是由起手式带本式，也就是由这五种组合缠丝手（或称开门手）之一带出本式。因此，这种方法就叫起手开门法。在平时的训练当中要有意识地加入开门手的方法，采用起手开门法进行训练，增强攻防意识，能快速进入练拳无人似有人的模拟实战状态。如果练拳没有攻防意识，就会出现习练多年而不能实战的问题。

技击防身要注重攻防意识的培养，学会招式后如何实际应用是学习太极拳者的一道难题。许多人都会有这种感觉，觉得自己练拳时可以把套路打得行云流水，潇洒自如，一旦与人交手便不知所措。究其原因：一是平时一般都是练套路，招式顺序已成定势，思想意识陷在套路里，平时不注重攻防意识的训练；二是不会接手，即便会几招散手也只是注重招式结果，不懂接手进身，致使许多人学拳多年而不会用；三是传统武术目前尚没有统一的竞赛规则，不是国家规定的搏击比赛项目，没有形成像拳击一样的比赛环境成为职业赛事。平时大都是独自练习，最多是互相推推手，仅从争胜负的角度看，传统武术训练一般没有搏击训练的强度高，更没有擂台比赛经验。不过，随着传统武术运动的发展，有关部门也在组织一些传统武术的对抗赛，相信随着传统武术比赛经验的不断积累和武术比赛规则的不断完善，传统武术搏击技术的综合水平一定会得到快速提高。太极拳作为一门传统武术，其招式自然有攻防技术和手法，每一招式都有两方面的内容，一是招架防守，二是进招攻击。太极拳的招式还要求巧妙，要以小力胜大力，即"四两拨千斤"。陈氏太极拳的开门手是组合缠丝手，在攻防当中接力化力，粘黏走化，虚实转换，阴阳变化，这也是陈氏太极拳特有的技击方法。

开门手是一种接手进身技术，对于进攻方来说就是运用开门手打开对方的防守门户，进身出招进攻。对于防守方来讲就是封住自己的门户，不让对方进来。陈氏太极拳每一招式基本都是先有起手开门的接手动作，再引出正式招式。如金刚捣碓，先以双手同向缠绕的双缠手动作起手，再打出撩阴、冲天炮、震脚等动作。又如懒扎衣，先以十字手（或太极手）起手，再进步打出懒扎衣动作。双缠手、十字手起手的动作都是开门接手，后边的动作才是本式，细究各招各式大都有此规律。

　　陈氏太极拳最基本的组合缠丝手共有五式，分别是双缠手、太极手、开合手、内圈手、外圈手。双缠手起手的代表拳式是金刚捣碓，太极手起手的代表拳式是懒扎衣，开合手起手的代表拳式是六封四闭，内圈手起手的代表拳式是斜行，外圈手起手的代表拳式是云手。

　　练太极拳兼有保健养生和防身技击两种功效，这两种功效密不可分。练拳的过程就是在养生，作为拳法必含攻防技术，这就是技击，两种功效是相辅相成的，只是侧重点有所不同。保健养生是一个人在静静地练功，一般是练拳架套路或养生桩，通过意念导引，活经络通气血，祛病健身，延年益寿；防身技击则是练与人搏击的技术，即使一个人练也要有假设敌，要有攻防意识的训练，主要练开门手、打法、摔法和拿法等擒拿格斗技术。

第二章　陈氏太极拳基础功法

"三转一提拉"是陈氏太极拳功法的五字要诀。在这一功法构架内，以三盘功法和身法要诀为核心，构成较为完整的功法体系。其中"三转"指的是三盘功法，包括核心功法和辅助功法两部分。核心功法就是转托盘、转丹田、转磨盘，分别对应托盘功、丹田内转功和磨盘功三种功法。辅助功法包括缠丝手、转踝子骨两种梢节的缠丝功法和胸背折叠、腰胯折叠两种折叠功法。"一提拉"是身法要诀，主要包括两方面的内容：一是保持身体结构稳定的要法，二是保持身体动态平衡及灵活性的要法。身法要诀并不是独立的功法，而是贯穿于三盘功法之中，并与功法有机结合，发挥支撑功法的决定作用，是功法构架中不可或缺的重要组成部分。

第一节　托盘功

一、功法简述

托盘功是三盘核心功法之一，属上盘功法，主要训练手臂的缠丝圈。因手掌在缠丝圈的顶端翻转时如托盘状，所以得名。在太极拳功法构架中，托盘功不仅是核心功法之一，而且是最基本的功法，也就是说托盘圈是最基本的缠丝圈。托盘圈是各种缠丝圈的母式，对肩、肘、腕和上臂、前臂都有严格的要求，所以练缠丝圈首先要练托盘圈。其他缠丝圈都是在托盘圈的基础上，以托盘圈为参照，并与托盘圈建立有机的联系，共同完成多个部位、多个环节的组合缠丝运动。托盘功练的是手臂的缠丝，而手臂是人体最灵活的部位，不仅可以快速攻击，还可构成严密的防线，形成有效的防护屏障；不仅能有效阻止和化解对手的攻击，还可以在被动的情况下，转背为顺，借力打力，扭转局面。

所以，在明三节的基础上，先从最基本的托盘功入手，由浅入深，循序渐进，打好基础，再继续深入学习。如果没有真正领悟和掌握托盘功的技术要领和具体方法，继续练其他功法就容易出现偏差。基础没打好，就会影响整体功架，这一点至关重要。

由于托盘圈是最基本的缠丝圈，为便于表述和理解，需要作几点说明。

（一）关于托盘圈

练托盘圈又叫转托盘，转托盘所形成的缠丝圈可以看成一个前高后低倾斜的圈，类似于汽车上的方向盘，有一定的倾斜度。把这个倾斜的平圈作为参照来描述托盘缠丝圈的动作和要领，既便于文字表述，也便于学习理解。实际上，转托盘所走的圈是个立体圈，手臂不是一直沿着这个平圈走，手臂的某个点有时会脱离这个圈走另一段弧，然后再回到这个圈上。另外还要注意，托盘圈虽然是走平圈，但倾斜角度却是在变化的。

练托盘圈不要追求外形，所走的圈并不要求很圆、很规范，可以有起伏，也可以是椭圆，要顺随，不能出现棱角。武禹襄在《十三势说略》中讲："气宜鼓荡，神宜内敛，勿使有缺陷处，勿使有凹凸处，勿使有断续处。"其中所说的缺陷、凹凸、断续并不是指外形，而是指以意念控制的劲路要灵活圆转，避免出现丢、扁、顶、抗等错误。

（二）托盘圈的基础构件

托盘圈作为太极功法整体构架中的一个局部构架，有若干个基础构件，而走线板、抱月牙、定腕盘肘、定肘盘手等基本技术动作就是组成托盘功的基础构件，需要以这些基础构件为基本元素对托盘功进行解读。

托盘圈由四个部分组成，分别为两段弧和两个转换点。两段弧分别是走线板和抱月牙所走的两个半圆，合起来是一个整圆，其中走线板是手臂走出的向身体中线（身体正中的垂直线）弯曲的弓形弧，抱月牙是手臂走出的向身体外侧弯曲的弓形弧。这两段弧线又分为四段，即左上弧、左下弧、右上弧、右下弧。两个转换点分别是托盘圈最上端和最下端的点，其中定腕盘肘的点是最上端的点，定肘盘手的点是最下端的点。以上这些都是托盘功的基础构件，托盘功法的具体动作和要领就是用这些基础构件来表述。

（三）功法解析方法

依据三节要论对托盘功的解析仅侧重上盘三节，以肩、肘、手和上臂、前臂为重点，除身法要领外，尽量不涉及其他功法的动作，托盘功与其他功法的配合将在功法组合一节详解。使用走线板、抱月牙等特有的术语对功法进行解读，为的是尽量保留泓生先生传授功法时所使用的语言，以体现这套功法的原始风貌，所以统一按这种方法进行解析。

二、基本动作

（一）正托盘

为说明正托盘圈的动作顺序，特以左手顺步正托盘圈的正托盘动作为例提示如下：①拜佛手（预备式）→②走线板（以手领肘，以肩催肘，合肘顺缠，身体右转，重心前移）→③定腕盘肘（逆缠转托盘，身体左转，咬小手指）→④抱月牙（顺缠走左弧，以肘领手，手随肘走，折胯，重心后移，后腿压弹簧）→⑤定肘盘手（顺缠走下弧，身体右转，重心前移，回到拜佛手）。

动作一　拜佛手（预备式）

站左顺三七步，这是内家拳的步法。起手式为拜佛手，具体动作是左手五指自然分开，指尖朝上，掌形为瓦垄掌，坐腕立于胸前，类似拜佛状。手腕对准身体中线，护住中路，并与后脚的连线在一条线上。手腕和肘尖位于托盘圈的右下弧上。左腕于托盘圈的最右侧端点，肘尖位于托盘圈的下端点，前臂处于托盘圈右下弧的位置。右手叉腰。前腿弓，但不要弓成90°，后腿蹬住，但不要蹬直，要有一定的弯曲度，保持一定的弹性。两脚尖向右斜约45°，前脚尖与后脚跟在一条直线上。足尖内扣，两膝相合。虚领顶劲，气沉丹田，目光平视前方，呼吸自然。左手的缠丝圈在身体左侧，缠丝圈的右端点在身体中线上。

拜佛手是个定步桩，站定后要自检。检查手、眼、身、步姿势是否正确，上自顶百会下至尾闾，气息是否贯通，内外三合是否都做到位，然后开始正式走缠丝圈。

图1解析： 拜佛手（预备式），左手位于右侧C点，左肘位于下端D点。

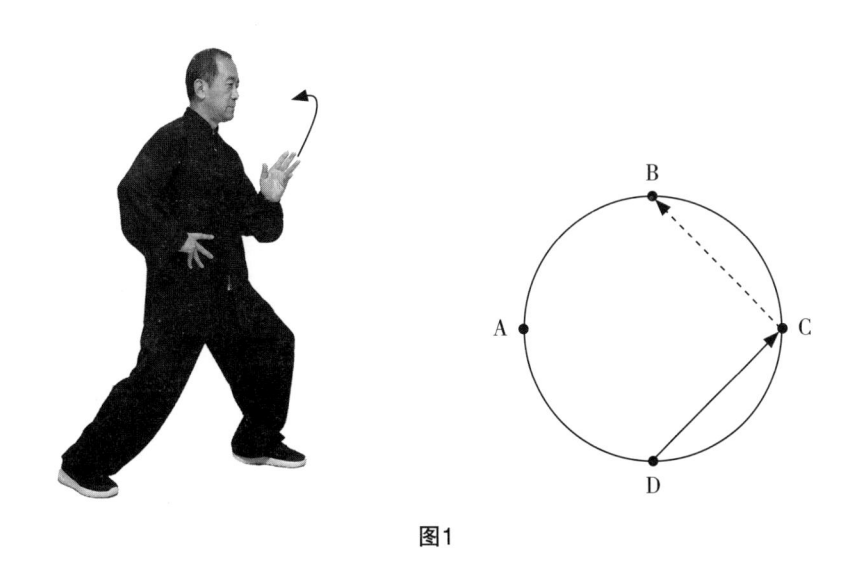

图1

动作二　走线板

线板是过去家里做针线活缠线用的木板，木板是长方形的，两侧向内凹，形成对称的内弧，这样可以多缠一些线。手臂前伸并向身体内侧合肘所呈现的弧形，就像线板的形状。走线板是形容手臂合肘所走出的向身体内侧弯曲的弧线，是走内弧的缠丝技法。

（1）走线板是出手顺缠向前上方走右弧。出手时要以手领肘，以肩催肘，手腕沿右弧自下而上走到托盘圈的上端顶点。手心向上如托盘，掌与眼平，手腕对准身体中线。肘尖沿右弧走到托盘圈的右侧端点。随着腕肘两点在右弧上的运行，前臂从右下弧走到右上弧的位置。

（2）身体随线板右转约45°，重心前移，但要与托盘圈边缘留出三分余量。左肘随着走弧渐向内合，手臂顺缠拧转。缠臂与合肘要形成整劲，不能松劲，松了腕肘容易被拿。

（3）弧线运动的特点是边走边改变方向，随走随转，避免顶抗。出手走线板就是利用线板的内弧走掤劲，接触点在手背，此点也是力的作用点。要在接触点的边上走弧，贴住力点，边走边缠，边缠边转，腕、肘、肩三点合成一张弓，腕领、肘随、肩催，走出掤劲。

图2解析：走线板，以手领肘，以肩催肘。手自右侧C点走到上顶点B。肘由D点走到C点，手肘两点沿托盘圈走右弧。

图2

动作三 定腕盘肘

定腕盘肘是手腕固定在托盘圈的上顶点上原地翻转，手指翻转180°。同时以前臂为半径，肘尖由托盘圈的右侧端点走下弧，盘转到左侧端点。通过定腕盘肘完成线板和月牙的转换，手臂弓的方向也从右弓变为左弓。

（1）此例是左手出手走线板接定腕盘肘。左腕走到托盘圈的上顶点时，对准身体中线，由走弧变为原地翻转，逆缠转托盘。同时以前臂为半径盘转肘尖，将左肘从右向左走下弧盘转，从托盘圈的右侧弧转到左侧弧上。

（2）通过逆缠定腕盘肘完成了由走线板到抱月牙的转换，内合肘转换为外开肘，上掤劲转换为横挤劲。盘肘转换时要注意手腕力点的变化，手腕翻转，力点从手腕外侧（手背一侧）转换到手腕内侧。同时，手肘的方向也进行了调换，这也是一种阴阳虚实的变化。

（3）定腕盘肘是接走线板的连续动作，在托盘圈中作用很大，是定点转换的重要技法之一。当出手走线板受阻时，紧接着走定腕盘。进行虚实转换，避免顶抗。定腕盘肘是练转换劲，是由掤劲变挤劲的转换。当掤劲遇阻或将被捋化时，要以定腕盘肘翻转手腕，将上掤劲变横向的侧挤劲。转换动作要连贯顺随，不能出现死点。走线板是腕、肘同时在弧线上走，一旦手腕遇阻，应及时变为定腕盘肘，旋转手腕，将力点转走，同时盘肘走弧，实现快速转换。

（4）在定腕盘肘的动作中手腕不是绝对不动的，而是要对准身体中线随着身体同步转动。定腕盘肘时，身体向左转约45°，回到面向正前的姿势。在讲定腕盘肘时，泓生先生讲了个小技巧，就是翻转为手心向外、手背向内时，要用嘴对着小拇指的方向咬一下，好像是要咬住小拇指尖。这个动作要用意念去做，而不是真的去咬。其作用有两个：一是保持手腕不离中线，有助于守中护中；二是增加手臂整体的掤劲，并且在转身变挤时，掤劲不丢，挤劲更足。

图3解析：定腕盘肘，手不离圈，手腕在B点原地自转，肘自右侧C点走下弧转换到左侧A点。

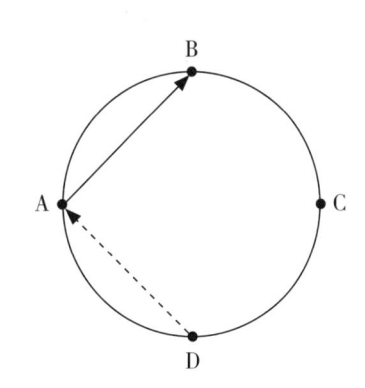

图3

动作四　抱月牙

月牙是用来形容手臂向外弓起的形态。抱月牙是手臂外掤所走出的向外弓起的弧线，是走外弧的缠丝技法。

（1）抱月牙是收肘顺缠走左弧。以肩带肘，以肘领手，手随肘走。腕肘在托盘圈上自上而下走弧。手腕从顶点走到左侧端点，左肘从左侧端点走到下端顶点，距左肋约一拳距离，并与左肋合住劲。

（2）收肘抱月牙是收肘走外弧的动作。手掌由掌心朝前手指朝右，转为掌心朝前指尖朝上，手掌微向前倾。身体先左转，随后回正，身体后移，重心坐于后腿，后腿微屈，压住弹簧劲。

（3）收肘抱月牙走的是捋劲。身体微向左转，重心后移，是完成左虚右实的转换，配合捋劲将来力化掉。

图4解析：抱月牙，以肩带肘，以肘领手，手随肘走。肘自左侧A点走到下端点D。手由B点走到A点，手肘两点向下走左弧线。

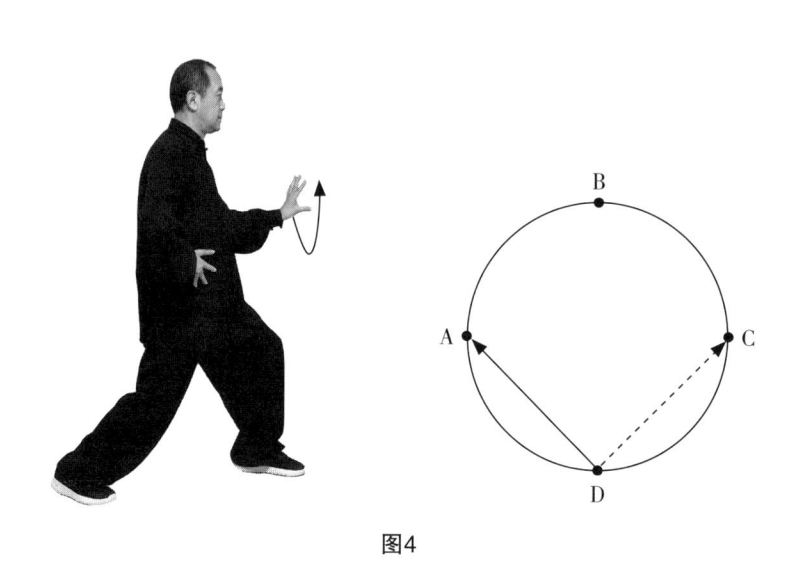

图4

动作五　定肘盘手

定肘盘手或叫定肘盘腕，是肘尖合在肋旁，固定在原地盘转前臂，将手从托盘圈的左侧转换到右侧。

（1）左手走完了收肘抱月牙后，左肘合在左肋旁，肘尖处在托盘圈的下顶点。这时左肘定在下顶点上旋转，带动前臂继续顺缠，手腕由左向右走下弧，由托盘圈的左侧端点走到右侧端点。定肘盘手走的是按劲。

（2）定肘是肘在托盘圈的下顶点上定点转动，盘手是手从左到右顺缠走弧，完成定肘盘手后，手腕从肘的左前方换到右前方，改变了手肘的相对位置，完成了由抱月牙向走线板的转换。

（3）在定肘盘手的动作中，肘尖不是绝对不动，而要随着身体转动。向右盘手时要沉肩坠肘，以肩催肘，肘与肋合，随身体右转，向右盘手。与定腕盘肘的原理一样，定肘盘手也是腕肘的转换，不同的是，前者是手腕相对不动而走肘，后者是肘相对不动而走手。

（4）托盘圈是一个完整的缠丝圈，一圈之中，缠丝劲是连续的，不应有断点。托盘圈的上顶点是个转换点，每当走到这个转换点上时，都要通过转换进行还原。也就是说，走顺缠，一圈都是顺缠，若要连续走圈，就需要在这个点上通过逆缠定腕盘肘进行转换，转换后又还原到顺缠状态。走逆缠，一圈都是逆缠，若要连续走逆缠丝圈，需要在这个点上通过顺缠定腕盘肘进行转换，转换后又会回到逆缠状态。

经过以上动作完成了一个完整的正托盘缠丝圈。如果收势，身体要微向左转，调整到面向正前方，回到预备式拜佛手。

图5解析：定肘盘手，肘不离圈，肘尖在D点原地转动，手自A点走下弧换到C点，回到拜佛手。

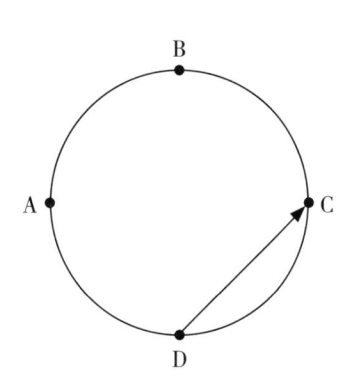

图5

（二）反托盘

反托盘圈同样要走出四段弧，唯动作与正托盘动作相反。为说明反托盘圈的动作顺序，特以左手顺步的反托盘动作为例提示如下：

①拜佛手（预备式）→②定肘盘手（收肘逆缠，身体左转，重心后移）→③抱月牙（以手领肘，以肩催肘，逆缠，重心前移）→④定腕盘肘（意念咬小拇指，顺缠转托盘，合肘右转）→⑤走线板（收肘走弧，以肘领手，手随肘走，逆缠左转，回到拜佛手）。

动作一　拜佛手（预备式）

站左顺步三七步，左手以拜佛手立掌在胸前，手腕对准身体中线，护住中路，并与后脚的连线在一条线上。要领与正托盘拜佛手（预备式）相同。

图6解析：拜佛手（预备式），左手位于右侧C点，左肘位于下端D点。

图6

动作二　定肘盘手

反托盘定肘盘手是肘在缠丝圈的下顶点上原地旋转，手以肘为圆心从右向左走下弧逆缠盘转，由右弧换到左弧，由走线板转换为抱月牙。在定肘盘手的动作中，肘尖不是绝对不动，而要随着身体转动，肘与肋合住劲，保持肘不离肋的状态。盘手时身体微向左转，面向正前方，前胯内折，重心后移，开胸合背，手臂外展。

图7解析：定肘盘手，肘不离圈，肘在D点原地转动，手自右侧C点走下弧转到左侧A点，由拜佛手变为抱月牙。

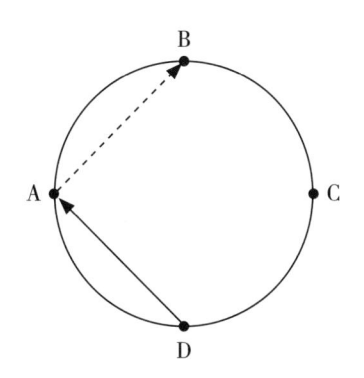

图7

动作三　抱月牙

反托盘抱月牙是出手逆缠走左弧。以手领肘，以肩催肘，出手抱月牙。手臂逆缠走外弧，向托盘圈的左上方掤，呈抱月牙的姿势。这时左手上行至眼前，手高不过眉，手腕对准中线，手心向外掤住劲。左肘走到托盘圈的左侧端点，这时前臂处于托盘圈的左上方。抱月牙时，手腕和肘尖两个点的运动轨迹均在托盘圈左侧的圆弧上，由左下行至左上。手腕位于托盘圈的上顶点，肘尖位于左侧端点，面向正前方。

图8解析：抱月牙，以手领肘，肘随手走。手从左侧A点走到上端B点。肘由D点走到A点，手肘两点向上走左弧线。

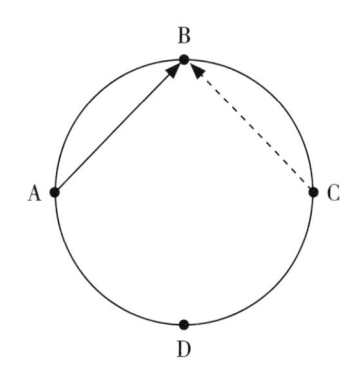

图8

动作四　定腕盘肘

定腕盘肘是手腕在缠丝圈的上顶点顺缠旋转，肘由左向右走下弧盘转。定腕是手腕对准身体中线定住相对不动，以手腕为圆心、前臂为半径转动肘尖。同时手掌翻转，手指顺缠领劲转托盘，带动肘尖在手腕下方由左向右转，将外掤肘转换为内合肘，肘从左弧换到右弧，由抱月牙转换为走线板。盘肘后前臂位于托盘圈的右上方的圆弧上。在定腕盘肘的动作中，手腕不是绝对不动的，而要随着身体同步转动约45°，但手腕要始终对准身体中线。

图9解析： 定腕盘肘，手不离圈，手腕在B点原地转动，肘自左侧A点向下走弧换到右侧C点。

图9

动作五　走线板

走线板是收肘逆缠走右弧。以肩催肘，以肘领手，手随肘走，手臂逆缠收肘走线板，肘尖沿右弧下行至左肋旁，距左肋约一拳距离，并与左胯合住劲。手沿托盘圈走到"动作四"的肘尖位置，这时前臂处于托盘圈的右下方。走线板时，手腕和肘尖两个点的运动轨迹是在托盘圈左侧的圆弧上。如果收势，身体要微向左转，面向正前方，回到预备式拜佛手。

图10解析： 走线板，以肘领手，以肩催肘。肘自右侧C点走到下端D点。手从B点走到C点，手肘两点走右弧线。

图10

走线板与抱月牙之间的变化关系可以用下面两个公式来表示。

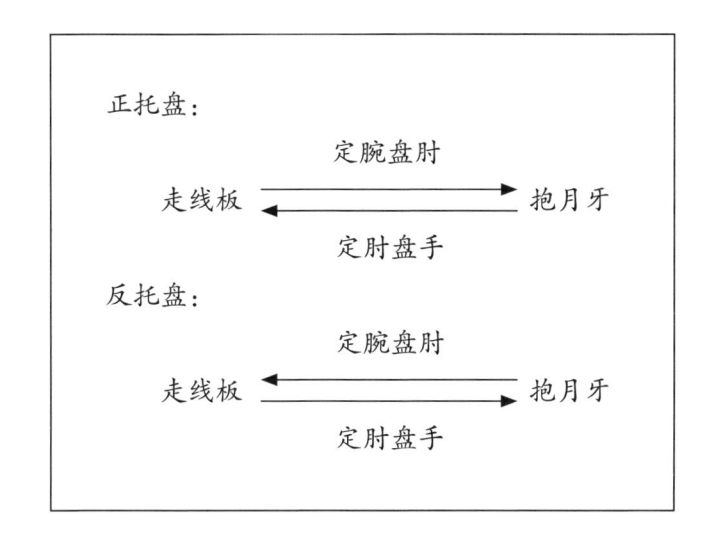

正托盘：
　　　　　　定腕盘肘
走线板 ⇄ 抱月牙
　　　　　　定肘盘手

反托盘：
　　　　　　定腕盘肘
走线板 ⇄ 抱月牙
　　　　　　定肘盘手

（三）拗步托盘圈

前面详细介绍了左顺步正反托盘的动作及要领，左拗步正反托盘的动作与左顺步的动作大同小异，只是步法不同。左拗步是左步右手，右手臂转托盘。左腿在前右腿在后，右肘与右胯合。在劲法上也有区别，但初学动作时可参照左顺步动作及要领进行练习，这里不做详细讲述，只以图例表示。

1. 拗步正托盘

预备式：
拜佛手（图11）。

图11

动作一：
走线板（图12）。

图12

动作二：
定腕盘肘（图13）。

图13

动作三：
抱月牙（图14）。

图14

动作四：
定肘盘手（图15）。

图15

2. 拗步反托盘

预备式：
拜佛手（图16）。

图16

动作一：
定肘盘手（图17）。

图17

动作二：
抱月牙（图18）。

图18

动作三：

定腕盘肘（图19）。

图19

动作四：

走线板（图20）。

图20

三、功法要点

（一）记住两段弧和两个转换点

　　托盘圈旋转一周共经过两段弧线和两个转换点。两段弧线分别是走线板和抱月牙走出的两段弧线，每段弧线走了半个圆，加在一起是一个完整的圆；两个转换点是定腕盘肘和定肘盘手的两个转换点，分别是在托盘圈最上端的顶点和最下端的顶点。走弧和转换是太极功法阴阳转换最基本的方法，是体现太极刚柔相济的基本技法，走弧和转换是基础，是太极拳的两个基本功，掌握了这两个基本功就为进一步学习太极拳打好了基础。

1. 走弧

走弧是练走化，无论是线板弧线还是月牙弧线，都要走出方向角度的变化。线板弧线和月牙弧线是不同的，走线板主要是走内弧，肘要向内合，劲向里合，是运用凹弧线的技法。抱月牙是走外弧，肘要向外掤，劲向外开，是运用凸弧线的技法。劲路不同，用法不同，产生的效果也不同。因此，走线板和抱月牙是走弧的两种变化。如果不会走弧线，那么之后在练双手组合缠丝时会更加困难。

走线板和抱月牙这两段弧有两种走法：一是出手走线板和出手抱月牙，二是收肘走线板和收肘抱月牙。出手走弧是发劲，是将蓄好的劲发出去。收肘走弧是化劲，是将承接的劲走化掉。按照太极拳四正劲来区分，出手走的是掤挤劲，收肘走的是捋按劲。如果以收肘走线板接劲，通过转换走化，再以出手抱月牙发出，转了一圈。如果以收肘抱月牙接劲，通过转换走化，再以出手走线板发出，也转了一圈。在这一正一反两个圈中，可以体会线板和月牙两种弧的不同变化。

2. 转换

走弧是线的变化，转换则是点的变化。托盘圈中有两个转换点，分别在上顶点和下顶点。上顶点要用定腕盘肘，下顶点要用定肘盘手。定腕是手腕相对不动，肘尖走弧；定肘是肘尖相对不动，手腕走弧。有静有动，有阴有阳。定为静，为阴，在受力时，定在原地合住劲，配合另一端走弧化解，在这个点上阴中又有阳。盘为动，为阳，在受力时通过走弧化解来力，这又是由阳转为阴。因此，无论是定腕盘肘还是定肘盘手，都充分体现出太极阴中有阳，阳中有阴，阴阳转换，阴阳相济的哲理。

（二）记住两个对中方法

1. 拜佛手

为了养成随时守护中线的习惯，提高防御能力，拜佛手即要点之一。当与人对抗时，对方往往会攻击我身体中线，这时我以拜佛手接手拦防，护住中线，接手的同时还可将来力化开。同样，对方也会设法将我防御之手打离中线，使我力量分散，而我则用转托盘之法借力引化，巧妙地将对方之力引回中线，同时拿住对方力点将对方发出。拜佛手是中定之法，其作用如下：

（1）培养防范意识，提高防御能力。咽喉和心窝是人的薄弱部位，抗击打能力差，因此要随时保护好。平时练托盘功，手一经过胸前就联想拜佛手，久而久之就会形成自然反应，快速回防，提高防御能力。

（2）回中蓄力，后发制人。若对手强行将我护中之手打离中线，我则熟练运用托盘功顺势转回，找准对方力点发放。这就是相由心生，手自心出，是内家拳发劲的要诀之一。

（3）粘黏走化，变背为顺。王宗岳《太极拳论》讲："人刚我柔谓之走，我顺人背为之黏。"拜佛手既可将来力从中线化开，又可将对方之力引回中线，灵活运用拜佛手粘黏走化，拿住对方之力，使对手不能发力，始终处于我顺人背的状态。

2. 咬小拇指

在托盘圈的定腕盘肘技术动作中，手腕是转换中心。在正托盘动作中，手腕翻转、手心向外时，或反托盘手臂向上抱月牙手心朝外、手臂外掤时，小拇指都要向后合，对准自己的嘴。这时手与嘴不到一尺距离，咬小拇指只是一种比喻，起到提示作用，实际是意念活动。其作用如下：

（1）增强手臂的掤劲。手掌由拜佛手向上变托盘圈时手向外翻，手臂自然形成向外弓的弓形，如果手不回收，继续向外走，手臂极易向外张开，这样会使身形散掉，减弱向外的掤劲。意想咬小拇指使手臂抱月牙有回收劲，这样可使弓形收紧，开中寓合，身形不散。

（2）对准中线，力点不丢。如果在翻手时手臂过度外掤或向体侧张开，就会失去对力点的控制，反而会受制于人。意想咬小拇指是要保持中线不丢，掌握主动权，便于控制力点。

（三）出手时以手领肘，收手时以肘领手

假设将手和肘（或手腕和肘尖）定为两点，那么两点中要分阴阳。不管是走线板还是抱月牙，只要出手，就要以手领肘，肘随手走。如果出手的同时出肘，手肘走的是平行线，平行出劲则无阴阳，是顶劲。因此要出手不出肘，以手带肘，肘随手走。反之，则是收肘不收手，以肘带手，手随肘走。练托盘功时一定要分清手肘的阴阳关系，走出手肘的阴阳变化。

（四）合肘与开肘

1. 合肘

合肘是走线板的动作要领之一。要走出线板的弧线，关键是合肘。合肘在出手时是掤挤劲，在收肘时是捋按劲。合肘难度较大，因为合肘时关节是反向的，是拧着的，所以平时练合肘，幅度要尽量大一些，应用时就会有足够的量。

2. 开肘

开肘就是外掤肘，是抱月牙的动作要领之一，整个手臂是一张弓，掤肘时肘尖不能平直，肘尖平直手臂掤劲不足，肘尖也不能过于突出，肘尖突出手臂的弓劲会折。开肘在出手时是掤挤劲，在收肘时是捋按劲。开肘动作要做到位，在做抱月牙时手臂要掤满、掤圆。

（五）劲的虚实变化关系

所谓太极劲是指太极拳的用劲方法，是用劲的虚实，或者说是阴阳转换的劲法。托盘功是手臂的上盘功法，手臂上有三个重要节点：肩、肘、腕。三个点都掤住劲则这三个点上都是实，如果松开其中一点或两点，松开的点则为虚，三点之间就分出了虚实，如果其中的点由实变虚或由虚变实就是虚实的转换。肩、肘、腕三点之间可产生六种虚实组合变化。或走化，或缠拿，都要通过虚实转换来实现。如懒扎衣招式中右托盘手，合肘走线板时、定腕盘肘时、抱月牙时，肩、肘、腕三点的虚实都在随时变化，相互转换。前臂受力时，腕和肘两点要分出虚实，两点不够再加上肩，变为三点变化，三点变化更多，足可化解。因此，真正掌握了虚实变化，才能体会到太极拳阴阳相济的妙用，才能有控制对手劲路的能力。

（六）练托盘功的时间和数量

转托盘圈一般以每转100圈，用时2.5分钟左右为宜。左右手转正反各100圈，用时大约10分钟，再分顺拗步，用时约为20分钟。可连续练2~3组，用时分别约为40分钟和1小时。适当的速度可产生一定的惯性，这与缓慢练习的松弛状态不同。在这种状态下，能够体会出劲的惯性和劲的离心力、向心力等。速度太慢，没有带上劲的感觉；速度太快，各项技术要领又不易分清。2.5分钟的时间只是个参考，要根据自身情况而定。开始练习时，动作可慢一些，这样时间会长一些。待动作熟练后，速度会逐渐加快，时间也会缩短。练功要循序渐进，训练量和训练强度要逐渐增加，不能急于求成，只要坚持，定会有收获。

第二节　缠丝手

一、功法简述

缠丝手是托盘功的辅助功法。缠丝手又叫缠丝指，因手指动作像弹琴，所以又叫弹琴手。手为上盘的梢节，是手臂的延伸，手指缠丝不仅是手臂缠丝的延展，而且还决定手臂缠丝的走向。按照梢节领、中节随、根节催的发劲原理，手为梢节是领劲，肘为中节是随劲，肩为根节是催劲。可见，手指领劲非常重要，肩、肘的走向取决于手领的走向，手指缠丝在上肢整体缠丝中起到先导和引领作用。手部连接三阴、三阳六条经络，练缠丝手不仅能够锻炼手指的灵活性，增强手指功力，还能够促进指尖血液循环，使周身气血达于指尖，从而起到良好的养生健身作用。

由于托盘圈是基础圈，所以缠丝手的基本动作仍以托盘圈作为参照，对比说明缠丝手在托盘圈中的相对位置。采用这种对照式的解析方法，一是因为两种功法之间存在着共性，二是为了便于分析两种功法之间的联系。

二、基本动作

（一）单手正缠丝圈

以右手为例，并以托盘圈的四个动作（即走线板、抱月牙、定腕盘肘、定肘盘手）和四段弧（即左上弧、左下弧、右上弧、右下弧）为参照说明。右手正缠丝圈先走左半圈，即走线板；再走右半圈，即抱月牙。单手正托盘为顺缠丝，只是在上顶点原地逆缠，手指方向调转180°后又回到顺缠状态。正缠丝圈是手腕在圈上走顺缠，在上顶点走逆缠。（图21）

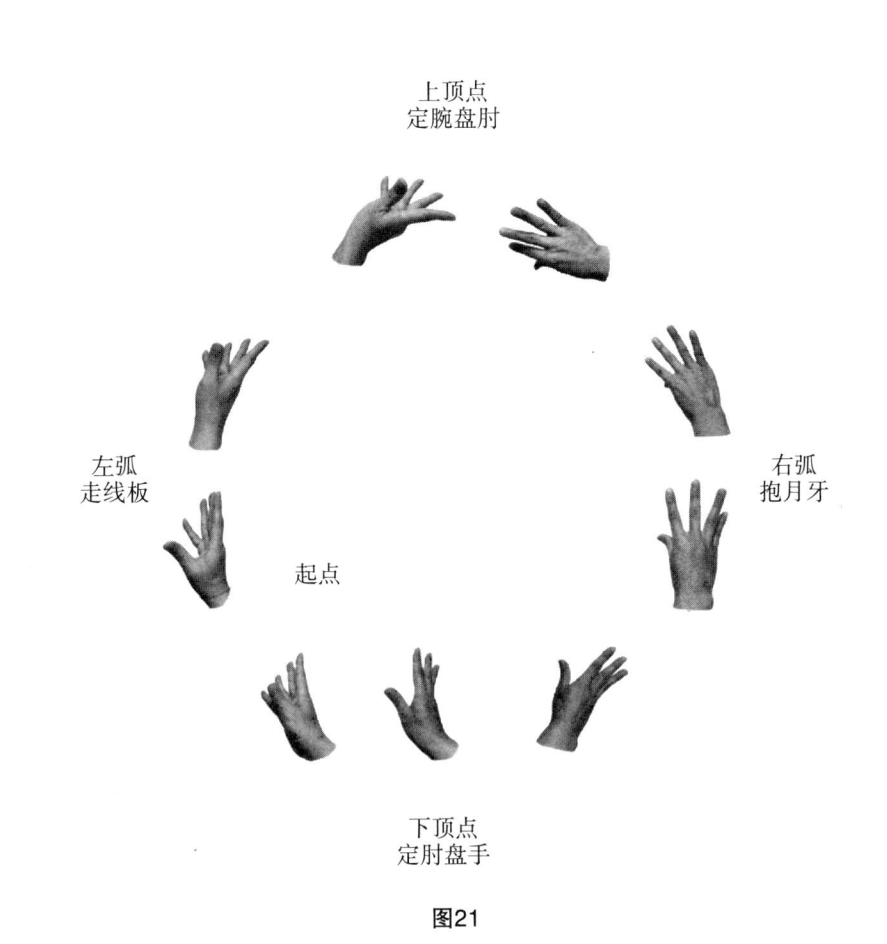

上顶点
定腕盘肘

左弧
走线板

右弧
抱月牙

起点

下顶点
定肘盘手

图21

动作一：走线板

从拜佛手起手，出手走线板，顺缠走缠丝圈的左上1/4弧。手以图21中左侧端点为起点，向上走左上弧线，走到上顶点，手心向上，指尖向右，掌呈托盘状。这个动作与托盘功的正托盘走线板一样，重点为手指的缠丝动作。走左上弧时，大拇指向手背方向领劲，食指、中指、无名指、小拇指依次跟进顺缠，其中大拇指、食指向手背开，无名指、小拇指向掌心合，形成四指围绕中指的顺螺旋缠丝。大拇指向手背领劲是因为要以大鱼际处的手背来接手，此处为受力点，用手背黏住受力点。

动作二：定腕盘肘

手腕定在缠丝圈的上顶点逆缠翻手。大拇指向手心合，小拇指向手背开。小拇指向手背领劲，无名指、中指、食指、大拇指依次逆缠，其中大拇指、食指向掌心合，无名指、小拇指向手背开，形成四指围绕中指的逆螺旋缠丝。通过翻手逆缠，使受力点贴着手背，由大拇指向小拇指方向滚动，移到掌根部位。手腕翻转后，手指方向调转180°，变为指尖向左。定腕是指手腕要始终对准身体中线原地自转，而随身体的转动则是围绕身体公转。正托盘定腕盘肘是由走线板变抱月牙的转换，对应缠丝手则是由大拇指领劲到小拇指领劲的转换，这种转换是为了改变受力点的位置，是一种虚实变化的技术。

图21顶部的两个手型应在同一点上，由于叠加图会看不清楚，故此分成两个手型。靠左侧的是转换前的手型，指尖向右；靠右侧的为转换后的手型，指尖向左。

动作三：抱月牙

收肘抱月牙，顺缠走缠丝圈右上1/4弧。手从上顶点沿右弧走到缠丝圈的右侧端点，手心朝前稍向下俯，与地面夹角约45°。在正托盘收肘抱月牙走右弧的动作中，缠丝手所走的与抱月牙基本相同。小拇指向内顺缠领劲，无名指、中指、食指依次跟随，并且小拇指向大拇指微合，掌心呈瓦垄状。

动作四：定肘盘手

定肘盘手是肘定在肋旁约一拳距离的位置，手以肘为圆心从右向左顺缠走下弧，走到左侧弧的左侧端点，回到起点。小拇指继续顺缠领劲，无名指、中指、食指继续依次跟随，并且小拇指与大拇指相合，大小鱼际也要相合。如果收式，手掌坐腕直立回到拜佛手。

（二）单手反缠丝圈

单手反缠丝手形变化如图22所示。

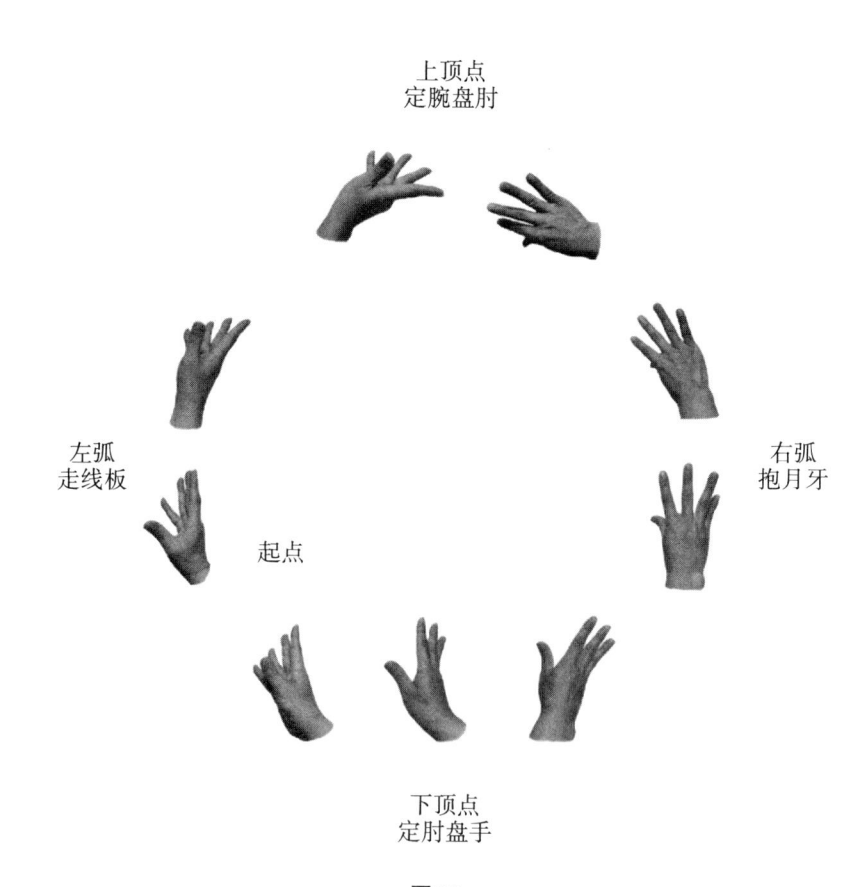

上顶点
定腕盘肘

左弧
走线板

右弧
抱月牙

起点

下顶点
定肘盘手

图22

动作一：定肘盘手

反托盘同样以左侧端点为起点，手以肘为轴从左向右逆缠走下弧，向下走半个圈，走到托盘缠丝圈的右侧端点。以小指领劲向右逆缠，无名指、中指、食指、大拇指依次逆缠，其中小拇指、无名指开，大拇指、食指合，四指围绕中指形成逆螺旋缠丝。手掌前倾，手指上扬，手掌与地面约呈45°。随着手心向下转，受力点从小拇指手背根部向掌心转，移到手掌根部。

动作二：抱月牙

反托盘圈是出手抱月牙，对照缠丝手是手从右侧端点走右上弧，逆缠到上顶点。这时，手心朝前上方，手指朝向左，手腕对准中线。小拇指继续领劲逆缠，无名指、小拇指外开，食指、大拇指向掌心合，形成四指围绕中指的逆螺旋缠丝。

动作三：定腕盘肘

反托盘圈的定腕盘肘是由月牙变线板的转换动作，手在上顶点托盘转腕，小拇指领劲，无名指、中指、食指、大拇指依次顺缠，其中小拇指、无名指向掌心合，大拇指、食指向手背开，形成四指围绕中指的顺螺旋缠丝。手指顺缠领劲，带动手臂定腕盘肘，要求手腕对准身体中线，相对不动，但身体要转动进行公转。

图22顶部的两个手型应在同一点上，由于叠加图会看不清楚，故此分成两个手型。

动作四：走线板

反托盘圈是收肘走线板，与之相对应的缠丝手，是手从上顶点向下逆缠下走左上弧，走到缠丝圈的左侧端点，回到托盘圈的起点。大拇指背面领劲，食指、中指、无名指、小拇指依次跟进逆缠，其中大拇指、食指合，无名指、小拇指开，围绕中指走逆螺旋缠丝。

左手的正反缠丝圈与右手方向相反，具体动作及要领可参照右手缠丝圈，不再详述。

三、功法要点

缠丝手是通过手指缠丝练手指的灵活性和灵敏性，掌握手指的阴阳变化。缠丝手主要有两个要点：一是手指领劲，二是顺缠和逆缠。

（一）手指领劲

大拇指领劲是带动手臂桡骨一侧的劲，小拇指领劲是带动手臂尺骨一侧的劲。手指向手背方向领劲为开劲，手指向手心方向领劲为合劲。练托盘功一定要结合手指开合缠丝，要将手指缠丝与托盘圈融为一体。手指领劲的方法有四种：大拇指开合领劲、小拇指开合领劲、大、小拇指交替开领，大、小拇指交替合领。

1. 大拇指开合领劲

大拇合领是大拇指向手心方向领劲缠丝，指开领是大拇指向手背方向领劲缠丝。

2. 小拇指开合领劲

小拇指合领是小拇指向手心方向领劲缠丝，开领是小拇指向手背方向领劲缠丝。

3. 大、小拇指交替开领

大、小拇指交替开领是劲走手背，控制劲路的虚实变化，实现力点在手背的移动转换。力点转向大拇指时小拇指变合，力点转向小拇指时大拇指变合。

4. 大、小拇指交替合领

大、小拇指交替合领是劲走掌心，控制劲路的虚实变化，实现力点在掌心的移动转换。力点转向大拇指时小拇指变开，力点转向小拇指时大拇指变开。

总之，要注意手指领劲的方向和手指开合的变化。

（二）顺逆缠丝

螺旋缠丝是陈氏太极拳的运动特点之一，手臂缠丝实际是通过手臂的自转产生的，分为顺缠和逆缠两种。以小拇指向手心合或大拇指向手背开的领劲，其他手指依次跟进，带动手臂拧转所产生的缠丝为顺缠丝；以大拇指向掌心合或小拇指向手背开的领劲，其他手指依次跟进，使手臂拧转所产生的缠丝为逆缠丝。还有一种区分方法是，将两臂向前平伸，指尖向前，两手掌心相对，掌心向上翻转是顺缠丝，掌心向下翻转是逆缠丝。

在练托盘功的缠丝圈时，由走线板变为抱月牙，手臂要逆缠，由抱月牙变为走线板，手臂要顺缠。正反托盘圈皆是如此。

（三）出手与收肘的区别

在练托盘圈时，手臂向外伸为出手，出手时要以手领肘，要点是扬手梢，避免抬肘。手臂向回收为收肘，收肘时手指不领劲，要以肘领手，手随肘走。出手时手臂与腰胯要有开劲，收肘时肘与腰胯要有合劲。

（四）手指缠丝的要求

缠丝手主要是针对手指灵活性和灵敏性的训练，五指均要动，均要缠丝，要会单独动、依次动，能开、能合、能顺缠、能逆缠。手指的灵活性和灵敏性提高了，不仅有益于气血畅通，达于指尖，而且有助于提高手部接触点的反应能力和听劲能力。

（五）缠丝手要结合托盘圈来练

托盘圈是最基本的缠丝圈，练手指缠丝时要结合托盘圈来练，相当于把手指圈套在托盘圈上，要注意与托盘圈中的肩圈、肘圈和腕圈的配合，弄清各节的阴阳关系，掌握各节的虚实转化，提高转换能力，多实践、多试手，通过实践检验自身功力。

缠丝手要与托盘圈融为一体，形成手指与手臂的缠丝组合。手指的缠丝圈与托盘圈相连，延展了托盘圈的半径，增加了手臂整体的缠丝变化。手指依次递进式的顺逆缠丝劲，带动前臂尺骨和桡骨拧转，产生的手臂顺逆缠丝，是手指领劲的效果。手指领劲缠丝，能使手臂三阳、三阴六条经脉畅通，有利于气血达于梢节，同时能够增强骨骼肌的弹性，使手臂筋膜更加灵活，触觉更加灵敏，对于增长功力和养生健身都有积极的促进作用。

第三节　折门板

一、功法简述

折门板是练胸背折叠的功法，属辅助功法。门板的门框一边，上、下都有一个凸出的门轴，门轴与门板是一体的，分别卡在上、下门框上，门板以门轴为中心来回转动，实现门的开与关。胸背折叠就是源于门板开关的原理。折门板是胸背折叠功法的代称，通过训练胸背的折叠转换，使胸背部位的筋膜、骨骼得到充分锻炼，提高胸背骨骼肌的强度，增加胸背开合幅度，提高灵活性，促进上肢与躯干的气血贯通，并带动上肢与躯干的贯穿联动，从而使劲力更长、更整，变化更多、更丰富。胸分左、右两部分，背也分左、右两部分，中间以脊柱为轴，做前后折叠开合运动。

折门板功法作用有以下几点：

第一，连接作用。胸背部位上接手臂，下连腰腹丹田，位于托盘圈和丹田圈的中间部位，是连接托盘圈和丹田圈的纽带，有承上启下的作用，是上盘和中盘缠丝圈的关键节点。折门板虽为辅助功法却不可小视，其所具有的重要作用更不可替代。

第二，传导作用。丹田劲要达于手臂必要经过胸背，如果胸背功力较弱，劲路就会出现断点，中下盘的劲传不到手臂，手臂承接的力也引不到脚下，无论是听、化，还是拿、发，此处都会成为自己的软肋。

第三，延展作用。训练胸背折叠可使胸骨、肩胛骨的骨关节变长，相应的骨骼肌弹性增强。胸背折叠的幅度大，手臂围绕身体中线公转幅度也就随之增大。肩胛开合的幅度大，手臂伸缩的幅度也会随之增大。胸背折叠开合运动的幅度决定手臂公转半径和直线伸展的幅度，胸背的灵活性也决定了手臂的灵活性。作为手臂的延展部分，有时手臂与人僵持，劲力化不开，这时走胸背就是化劲的要点。胸背折叠并不是简单的往复开合运动，走的也是圈，是与肩圈连在一起的，胸背折叠的实质仍然是螺旋缠丝。

就局部而言，胸背折叠动作是胸与背相对的开合运动，胸开则背合，胸合则背开。左右两侧以脊柱为轴来回转动，表现在肩上是扇形的弧线运动。胸背开合功法中肩胛骨非常重要，需要着重训练，合背时两块肩胛骨要尽量接近，配合收肘动作肩胛骨向里合，肩背同时合住，上身劲才会整。开背时两块肩胛骨要尽量伸开，肩胛骨开合幅度越大，胸背就越灵活。

二、基本动作

胸背开合动作仍以托盘圈的两弧、两转为参照，以左手正托盘为例对应说明。

动作一：预备式

左手以拜佛手为起手式，右手叉腰，虚领顶劲，气沉丹田，松肩沉肘，尾闾中正，两眼平视，下颌微收，三七步站立，平心静气，呼吸自然。

动作二：走线板

左手出手顺缠走线板，合肘走右弧。对应胸背动作是合胸开背。注意胸背开合不是左右两边对开对合，而是以脊柱为轴的左侧胸背开合运动，右侧胸背尽量控制不动。

动作三：定腕盘肘

左手逆缠定腕盘肘，肘由合变开，由走线板变抱月牙。对应胸背动作是胸由合渐开，背仍保持开。这时胸背均开，使肩部放长向外延展，劲向外走，辅助手臂向外掤劲。若手臂继续转动，背就要合劲了。这说明在胸背开合转换过程中，有一处是开合交替点，在这个点上胸背均为开，这是手臂放长的要点。由于定腕盘肘是走掤挤劲，因此在开胸的同时背不能内收。如果胸背有一侧内收，就会削弱掤挤劲的发出，反而起反作用。

动作四：抱月牙

左手抱月牙是收肘顺缠走左弧，对应胸背动作是开胸合背。过了动作三的开合交换点，胸继续开，背则由开变合。

动作五：定肘盘手

左手定肘盘手，对应胸背动作是合胸开背。如要收势，则需松肩坠肘，胸背放松，回到拜佛手。开背要横向开，要配合手臂外掤，还要有肩背靠的蓄劲感和随时回击的意识。

与左手正托盘相对应的左手反托盘及右手正反托盘的胸背开合动作，可参照上述动作描述。

三、功法要点

（一）胸背折叠要与托盘圈形成联动

胸背折叠方式直接影响肩部的运动，胸背水平方向折叠，肩走扇形，胸背在水平方向折叠时加上纵向旋转，肩就走立圆。胸背的这种旋转折叠运动是螺旋缠丝运动的一种形式，胸背缠丝圈与托盘缠丝圈相连，产生组合联动的效果。这一点非常重要，如果加上前面讲的手指缠丝就是手圈、臂圈和胸背圈的三圈联动。手臂是一张弓，可以走出线板和月牙两种弧，这两种弧在定腕盘肘转换时，如果没有胸背的参与，转换是难以完成的，必须用胸背折叠技术才能使转换更为顺畅、灵活。因此，练折门板要结合托盘功，胸背折叠要催动肩圈，与托盘圈形成联动，胸背与肩肘手的组合，可形成局部合劲，同时又可分出多处虚实。

由于肩关节十分灵活，要想使胸背圈与托盘圈产生联动有一定难度。要用腰胯带动胸背运动，并加重胸背折叠的意念引导，才能将胸背练开、练活，与托盘圈组合出更加复杂多变的缠丝圈。

（二）练胸背开合肩胛骨是重点

肩胛骨是连接上肢和脊柱的重要部位，肩胛骨的运动可分为上提、下抑、外旋、内旋、外展、内收。《十三势行功心解》讲："力由脊发，步随身换……牵动往来气贴背，敛入脊骨。"若想达到这个效果就必须重视肩胛骨的训练，不仅能够锻炼背部筋膜，增强背肌力量，还有助于增强气贴脊背的体验，提高背部功力。肩胛骨要配合手臂的收放，进行相应的外旋、内旋和外展、内收等运动。如六封四闭的动作特点是双开双合。当两臂外开时，带动胸部外开，同时两肩胛骨相合；当两臂下按时，胸部内合，两肩胛骨外开。表面上看是双臂下按的动作，实则是胸背开合，气贴脊背的效果。其他招式如双推手、抱头推山、白鹤亮翅、懒扎衣等均是如此。肩胛骨开了，就提高了肩背的灵活性，有助于将丹田之气和腰胯之劲上传于手臂。外可增加臂展幅度，拉长肩部筋膜，手臂更加灵活；内可促进经脉贯通，使丹田之气贴背而行，达于梢节。重视胸背开合功法训练，招式动作就会体现出大开大合的特点，拳架风格也会显得舒展大方。

（三）要特别注意开合交替点

胸开则背合，胸合则背开，看似是一对矛盾体，但胸背的开合有个转换的过程，而这个过程是可以控制的。如在合胸开背的状态下，走开胸动作加大掤劲，开胸时，背部先要保持开的状态。如果这时肩胛骨回收，肩向内合，掤劲就被破坏了。这个开合交替点非常重要，没有到达这个点时掤劲不足；过了这个点，随着开胸，背就会向内合劲。要细细体会胸背开合的相互关系和开合交替点上的劲路变化，坚持训练才能真正领悟其中的细微变化。

第四节　丹田内转功

一、功法简述

丹田内转功是三盘核心功法之一，属中盘功法。这里所说的丹田，是指脐下三分处，即小腹之内，骨盆之中，骶椎之前的部位，此处是人体诸多重要脏器所在之地，是在肚脐的气海穴、腰部的命门穴和左右两胯所围起来的区域内。太极拳采用腹式呼吸法，吸气时，横膈膜下降按压腹腔，气向下沉，丹田部位就会饱满充盈，气感很强，腰胯就会感觉劲力增强。丹田内转是为促进气血运行，激发身体内劲，主宰劲路变化，并通过意念导引使内气归聚丹田鼓荡运转而形成的螺旋缠丝运动。

历代养生家对丹田都十分重视，将丹田视为积精养气之所和人体生命之源，视丹田内转功为养生之根基，是炼精化气、延年益寿、强身健体的重要养生功法。丹田也被历代武术家视为必修之所。《拳论》中说："劲发于脚，主宰于腰，形于手指。"其中"主宰于腰"指的就是以丹田为主宰。以丹田为主宰就是通过丹田来支配和控制劲力、劲路变化，练丹田内转就是为了提高和增强丹田支配及控制劲力和劲路变化的能力。丹田内转功是一种磨炼意志、激发潜能、增强内劲的内功心法。

丹田内转是以意领气的丹田内部运动，并不只是外形动作，外形动作是意念作用的外部反应。以意领气就是以意念为主宰的意思，其中有两重含义：一是判断情况，二是采取措施。比如在与人推手时，通过手臂听劲，感知对手劲的大小和方向，这是判断情况；随即以丹田内转控制劲路，并指挥四肢各节联合行动，或进或退、或化或发，根据情况立即做出判断，并采取相应措施。丹田动，梢节必有反应。如果丹田与手臂的劲路不通，只是单独转腰，认为这就是练转丹田，那么就错误地理解了"主宰于腰"的涵义。

练丹田内转功要明确以下几点：

第一，丹田内转是以意领气的意念活动。《十三势行功心解》中说："全身意在精神，不在气，在气则滞。"这句话点出了丹田内转的本质。以心行气，以气运身才是正确的方法。

第二，丹田内转要以丹田为主宰。以丹田为主宰就是丹田主宰劲路的变化、劲力的虚实化发，以及身法的进、退、顾、盼、定等。丹田是指挥部，是控制中心。当感觉来力较大时，则可指挥旋转走化。当拿住来力时，则可顺势发放。四肢各节都要与丹田相合，组成完整的作战部队，丹田一动相应各节立即做出反应。

第三，丹田内转要以腰为轴。《十三势行功心解》中还说："气如车轮，腰似车轴。"意思是说腰部脊柱好比垂直竖立的车轴，丹田之气就像车轮一样套在车轴上旋转。但旋转要有变化，不能真像车轮一样简单地水平旋转。丹田内转是气转，气沉丹田并不是混沌一片，经气海、命门和两胯四个点时要分出变化，气经命门要有贴背感，气经两胯要分虚实，同时还要保持身体重心在运动中的稳定。这其中的道理需要在练功时细细体会。

第四，丹田内转主要采用腹式呼吸法，呼吸与动作相配合，以丹田鼓荡之内气与拳架动作相结合。收为吸，放为呼；合为吸，开为呼；蓄为吸，发为呼。陈氏太极拳的呼吸法是吸慢呼快，呼气时部分气息从鼻中呼出，部分仍注入丹田。这种特殊的呼吸方式，习练者在打拳时喉头会发出一种低低的"咕咕"声。从健身的角度看，丹田转动内气鼓荡，劲走螺旋，使腹部脏器，特别是盆腔内的脏器，通过自我按摩而增强机能，生精化气，舒通经络，培养元气；从技击的角度看，内气充沛丹田劲就足，而且能够增强两肋的强度。泓生先生讲，练丹田功要把肋部肌肉练出来，这样能使腰背肌肉更富弹性，抗击打能力会更强。

二、基本动作

丹田内转不仅要结合托盘圈来练，还可结合走架来练。泓生先生说："陈照奎前辈讲，拳架一起式就要求丹田转动，用丹田带着胸背和手臂走拳架。"丹田和手臂同向转动，丹田顺时针转，手臂也顺时针转，丹田逆时针转，手臂也逆时针转。丹田劲要与手臂劲相合，丹田向前转时，要腰胯催肩，肩催肘，肘催手，节节向前缠绕；丹田向后转时，要腰胯带肩，肩带肘，肘带手，节节向后缠绕。

丹田内转功仍为三七步，以左手顺步正托盘缠丝圈的两弧两转为参照分别对应说明。

动作一：预备式

左手以拜佛手为起手式，要求三七步站立，虚领顶劲，松肩沉肘，尾闾中正，平心静气。两眼平视，下颌微收，舌尖舔上腭，用鼻吸气，沉入丹田。

动作二：走线板

气贴气海转向左胯，身体以脊柱为轴右转，两膝相合，重心前移。与此同时，是左手出手顺缠走线板，合肘走右弧。丹田气经气海催左胯，转身拧腰催肩，以肩催肘，以肘催手，是出手走线板的螺旋缠丝。此时虽是侧身，左腕仍要对准中线。此动是左胯在前旋转，右腿在后，胯膝踝相合，压住弹簧劲，保证整体功架下盘稳定。这一动是开始动作，先微收左胯，小转吸气，蓄而后发。

动作三：定腕盘肘

身向左转，气贴左胯自右经中线继续左转，转向中线时要呼气，一部分气从鼻子呼出，同时要有一部分气向下沉，仍要保持丹田气充盈。与此同时左手逆缠定腕盘肘，肘由合变开，由走线板变抱月牙。这一动，手腕翻转由掤变挤，丹田带动手臂由内弧变为外弧，同时重心也完成了由左向右的转换，保持对准中线的状态。

动作四：抱月牙

气沿左胯向后转，至命门处，紧贴命门，这样做有助于气贴脊背。同时，带动左手顺缠走左弧，收肘抱月牙。此动要以腰胯带肩，以肩带肘，以肘带手。肘收于肋旁，与胯合住。身体以脊柱为轴，先左后右微微转动，这是随丹田的联动，以便带动手臂。这一动作是收肘抱月牙，两腿更需合紧，右腿弹簧劲更要压住。这一动作是呼吸的转换点，由于上一动作是呼气，故动作开始时仍有惯性地呼气，动作之末则准备吸气。

动作五：定肘盘手

身体右转，用鼻吸气，沉入丹田，并随丹田旋转，后撑命门前掤气海。与此同时左胯内折，身向右转，以腰胯带肩，以肩带肘，以肘带手，左手顺缠向右走下弧定肘盘手，回到拜佛手。

与左手正托盘相对应的左手反托盘及右手正反托盘的基本动作，可参照上述举例进行训练。

三、功法要点

（一）以意领气

《十三势行功心解》中说："以心行气，务令沉着，乃能收敛入骨；以气运身，务令顺遂，乃能便利从心。"心指的是意念，以心行气就是以意念引导的意思，强调以意领气的重要性。太极拳虽然是腹式呼吸，也要讲求呼吸自然，用意不用力。气沉丹田并不是鼓肚子，刻意鼓肚子容易憋气，犯了"在气则滞"的错误。

（二）内外相合

丹田内转功不但要做到内三合和外三合，还要求内外相合。心与意合、意与气合、气与力合是内三合，肩与胯合、肘与膝合、手与足合是外三合。以意导气是意与气合，属内三合，肩与胯合属外三合。丹田与肩胯合住，丹田气转，牵动肩胯，即内外相合。丹田与受力点劲路相合，便可听劲权衡，是引化转换，还是拿劲发放，乃能便利从心。在内合、外合、内外相合中，"心为令，气为旗，神为主帅，身为驱使"。"精神能提得起，则无迟重之虞，黏依能跟得灵，方见落空之妙"。一层功夫一层理，只有勤学苦练，掌握功法要领，功夫上身，才能领悟到前辈《拳论》中的奥妙。

（三）腰裆劲

腰部位于脊背命门穴及左右肾俞穴的部位。丹田劲的实质就是腰裆劲。王宗岳在《十三势歌》中说："十三总势莫轻视，命意源头在腰隙。""腰隙"指命门穴，"命意源头在腰隙"就是意注命门。陈氏太极拳要求"一身备五弓"，腰弓与臂弓相连，腰弓一动带动臂弓，丹田之气贴于命门，经脊背传于臂，达于手指。主宰于腰，腰似车轴，命意源头在腰隙，都是在说腰的重要性。

裆劲，是指会阴穴上提之劲。任督二脉交于会阴，会阴上提可聚任督二脉周天气血汇于丹田。打太极拳要求圆裆开胯，这样有助于气沉丹田，使下盘更加稳固。

练丹田内转功，要将腰劲与裆劲合于丹田，丹田灵则腰裆活，丹田气足则腰裆劲足，"刻刻留心在腰间，腹内松静气腾然"。练腰裆劲不是腰裆自身在较劲，而是要将腰裆劲传出去，达于四肢梢节并发放出去，才能发挥出腰裆劲的功效。

第五节　腰胯折叠

一、功法简述

腰胯折叠功是练腰胯折叠技术的功法，属辅助功法。丹田内转功和磨盘功都需要腰胯配合，因此腰胯在这两个功法中作用都很大。腰胯是连接躯干与下肢的重要枢纽，通过折叠运动实现劲力的虚与实、断与连、轻与重，以及方向和角度的变化。腰胯折叠可使身体重心上下移动，提高了身体的灵活性，即使对手找到我的中线，也找不到我的重心。腰胯收与放的往复运动，是走化和发放的转换过程，是变被动为主动、以守为攻的重要功法。

二、基本动作

腰胯折叠功仍采用三七步，并参照左手顺步正托盘缠丝圈的两弧两转分别对应说明。

动作一：预备式

左手以拜佛手为起手式，要求虚领顶劲，气沉丹田，松肩沉肘，尾闾中正。两眼平视，下颌微收，三七步站立，平心静气，呼吸自然。

动作二：走线板

左手逆时针走圈，以拜佛手起手走线板。同时，左胯在左臂下方同步转小圈。左胯也从相对应的位置开始，从右下弧向上走右上弧。当左手走到托盘圈的上顶点时，左胯也同时转到了胯圈的上顶点，同时腰带身体右转缠丝。左胯为前胯，随之右转催动左臂前掤；右胯为后胯与后腿合住，作为支撑腿配合前胯旋转。

动作三：定腕盘肘

在左手做定腕盘肘动作的同时，左胯由右上弧转换到左上弧的相对位置。以腰带手，身体向左转。

动作四：抱月牙

抱月牙是收肘走左弧，当肘尖走到距左肋约一拳距离时，与左胯合住。身随腰向左转，左胯同时随收肘动作渐向内折。

动作五：定肘盘手

接动作三，肘胯相合，以腰带手，身向右转，定肘盘手。前胯由左向右，由折变转，转回到拜佛手。

顺步反托盘圈的动作与正托盘圈方向相反，但胯圈仍与托盘圈同向、同步。拗步与顺步虽有不同，手臂是与后胯相合转圈，但其理相通，可做参照。

腰胯折叠不是单向的折叠，而是翻转拧裹式的旋转折叠。从纵横两个方向解析，纵向为折，横向为转。折时要折胯，转时要转腰，腰胯联动，共同实现折叠旋转。训练时一般采用三七步，前胯内折时，后胯要与腿合住劲，不能两胯皆松，皆松就没有虚实之分了。当丹田向后转时，胯向内折，腹股沟也要内折，这样腿劲才能合住。同时转尾闾，头顶悬，保持身法中正，重心不丢。当丹田向前转时，命门要后撑，头顶悬，同样要注意保持身法中正，重心不丢。腰胯旋转一周是形成上下两端小、中间肚子大的枣核形或鼓形。也就是说，前后的移动幅度要大于左右移动的幅度。腰胯左右移动的幅度一定要小，大了就成了涮腰了，重心不稳。泓生先生讲到转尾闾时曾经说过，狮子、老虎等动物走路是四只脚着地，靠尾巴的摆动来保持身体平衡。当两人相搏自己双手被控制，脚也不能移动时，可通过转尾闾来移动重心，改变受力方向，化解被动局面。这是武术前辈们模仿动物总结出来的武术动作要领，这些要领从一些招式名称中就可以看出，如白鹤亮翅、野马分鬃、白猿献果等，不仅形象生动，而且非常实用。

三、功法要点

（一）折叠的角度变化

腰胯折叠是往复运动，有收有放，出手并不是收手的原路返回，要有角度的变化。这是因为出现顶劲时，可以用折叠的方法进行化解。如果出手时还按收手的劲路返回，劲又会顶上，收手的走化就白废了。若从左侧走化，就要从右侧回。若从下方走化，就要从上方回，反之亦是如此。腰胯走的虽然是折叠，由于角度变化，表现在手上则是走螺旋。

（二）折叠的引进落空

折叠是主动将劲路折断，以便引进落空。旋转和折叠都是走化，要将来力化解，折叠则是走化的方法之一。泓生先生讲："对方失去重心时，要给对方让出个空地儿，这个空地儿就像有一口井，对方到了这个位置就等于掉到了井里。"进一步讲，就是在走化的同时，自身重心要及时转移，原来的支撑突然没了，实突然变虚，就像是给对方挖的井，一旦落空就会掉进去。要利用腰胯折叠产生虚实变化实现阴阳转换，这是腰胯折叠功所要达到的引化效果。

（三）腰胯折叠要形断意不断

折胯时仍要保持虚领顶劲，气沉丹田，松肩沉肘，上下贯穿。胯不能松，胯松了劲就断了。往复折叠是收与放的过程，收与放是一个完整动作，收是化同时也是蓄，是为放做准备。因此，腰胯折叠要做到形断意不断，意不断则内劲不会断，这一点要特别注意。

第六节　磨盘功

一、功法简介

磨盘功是三盘核心功法之一的下盘功法，主要是训练腿部功力和胯膝踝的灵活性，因其运动轨迹如推磨，所以叫磨盘功，也叫推磨盘或转磨盘。磨盘功是一种桩功，所以也叫磨盘桩。磨盘桩有两种，分别是马步桩和三七步桩。马步桩是单独训练的桩功，主要是训练腿部功力和下盘的稳定性。三七步桩结合招式训练，是在沉稳的基础上追求灵活性。磨盘功虽是单独的功法，但必须结合丹田内转功来训练，下盘一动必然牵动中盘甚至上盘，腿部不仅要具备足够的功力以保持身体的稳定，而且要保证身体移动灵活。

磨盘功所说的磨盘不是磨米面的磨盘，而是磨豆腐的磨盘，是人站在磨盘的一端，手握住长杆的一头，另一头连在磨盘的边缘的一个孔上，来回推拽长杆，使磨盘旋转。磨盘功中两胯的运动有折叠有旋转，整个功法动作就像是推磨盘。磨盘桩，低桩偏重于技击，高桩偏重于养生，习练者可根据自身条件和练功目的而定。在陈氏太极拳的拳架中，大部分招式动作都有转磨盘，因此磨盘功是陈氏太极拳重要的基础功法之一。

二、基本动作

磨盘功的基本动作与托盘圈对应，与丹田内转功、腰胯折叠基本相同，不再叙述。本节介绍两种既可以养生健身，又能够增强下盘功力，可单独练习的磨盘桩功。

（一）马步磨盘桩

两脚站成马步，马步高低视自身条件而定。虚领顶劲，百会穴上提，下颌内收，松肩坠肘，竖腰立顶，目视前方。两手按于两膝之上，指尖向内，掌根向外，两肘外掤，呼吸自然。两手不可过于用力，用两三分力按住膝部即可。两膝内扣，两胯放松，足底放平，足尖向前，既不外撇也不内扣，脚趾微微抓地。（图23）

两腿的关系是，一腿转圈，另一腿做支撑，要有阴阳虚实变化。胯膝踝的关系是，先由脚踝起，膝随，胯催。三点之间要有虚实变化，不可只偏重转胯、转膝或只偏重脚踝。

预备式

动作一

动作二

动作三

动作四

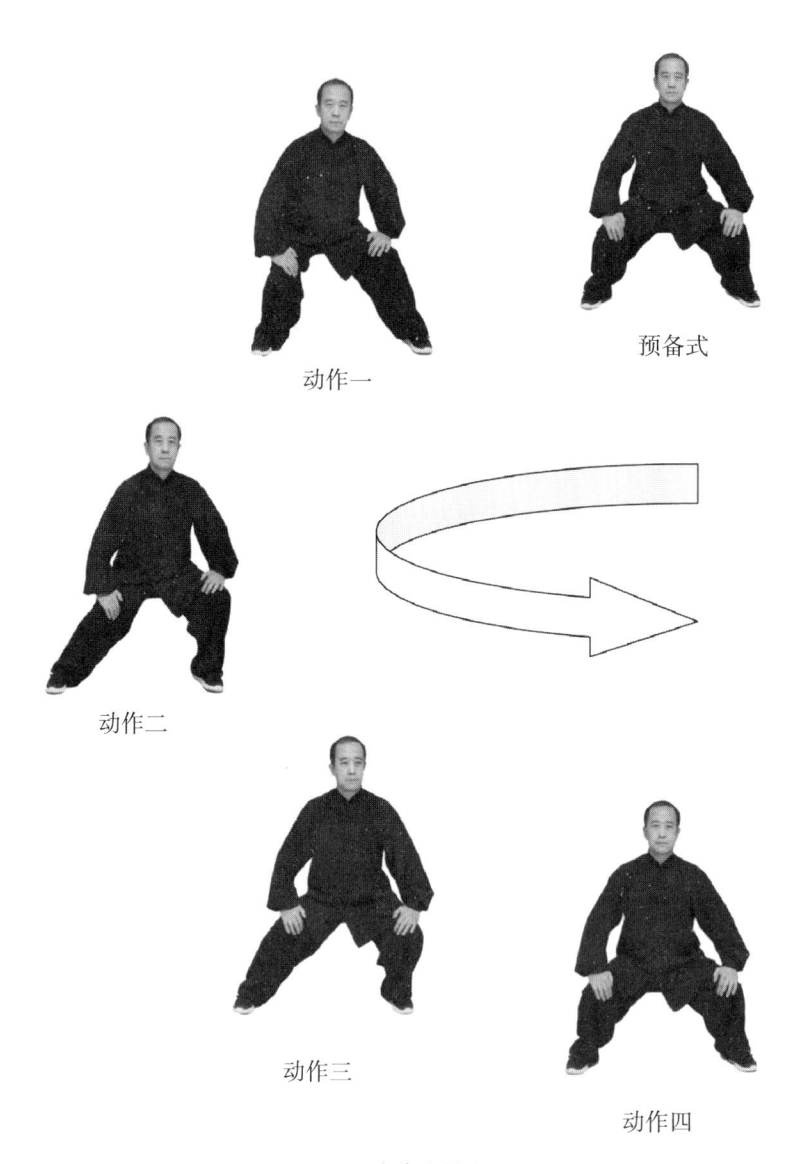

图23 马步磨盘桩左腿正圈

如转左腿，左膝逆时针旋转，从前向左转，膝随踝转，劲上传于胯，两腿开劲，身随胯走向左转，重心左移，命门后撑，背微弓，脚趾抓地，涌泉穴悬起。从左向右转回时，折胯塌腰，脚底放平，脚心涌泉穴贴地，重心回到两脚正中。呼吸的原则是，收腿为吸气，出腿为呼气。腿向外转时呼气，腿向内转时吸气，结合丹田内转动作一呼一吸，循环往复，反复练习。如图24，左腿顺时针旋转，但不论是顺时针旋转还是逆时针旋转，开始时均先吸气略收，丹田气足再向外转。右腿圈与左腿圈是对称关系，方法相同，不再重述。

预备式

动作一

动作二

动作四

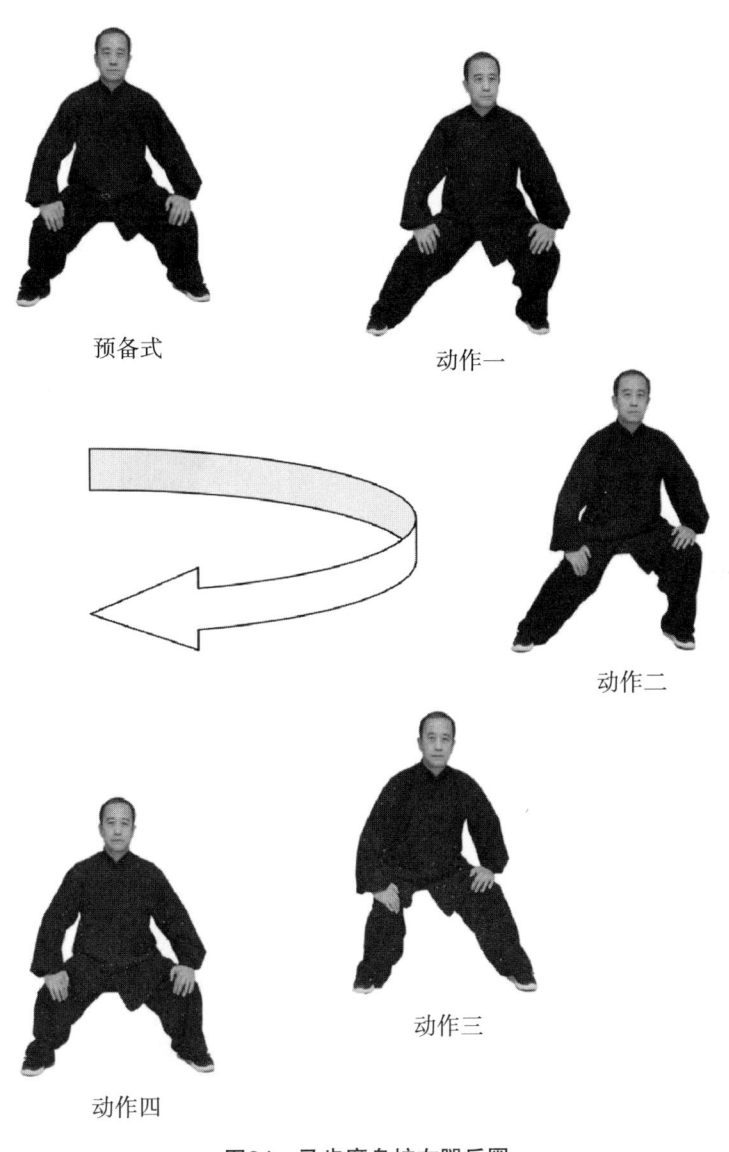

动作三

图24 马步磨盘桩左腿反圈

马步桩运动量较大，应循序渐进，逐渐加量，持之以恒，必有裨益。

磨盘桩正圈是自后从身体内侧向前，再从身体外侧转回；磨盘桩反圈是自后从身体外侧向前，再从身体内侧转回。图24是马步磨盘桩左腿反圈的示意图。

（二）三七步磨盘桩

陈氏太极拳的步法以三七步为主，因为三七步虚实转换快，步法移动灵活，具有实战作用。如图25，三七步是两脚前后站立，前脚尖和后脚根基本在一条纵向的直线上；前腿弯曲，膝部形成一定夹角，后腿蹬成弓形，但不能蹬直；前后脚尖斜向外约45°。两膝里合，开胯圆裆。重心移动时，前膝不过前脚尖，尾闾不过后脚根。以自身防守范围为一圈，重心向前移动时，前边留出三分量，向后退到七分止，故称三七步。三七步是活步，规定了重心活动范围。三七步桩虽是定步训练，但要有随时移动的意识。图26是三七步磨盘桩左腿反圈示意图。

动作五　　　　　　　动作四

预备式　　　　　　　　　　　动作三

动作一　　　　　　　动作二

图25　三七步磨盘桩左腿正圈

动作一　　　　　　　动作二

预备式　　　　　　　　　　　　动作三

动作五　　　　　　　动作四

图26　三七步磨盘桩左腿反圈

　　三七步桩是前腿推磨，拧腰转胯，后腿压弹簧。前腿推磨是前胯走平圆，这个圆是椭圆形或枣核形，前后长，左右窄。前膝向前转时胯随膝进，后腿蹬劲，命门撑住。前膝向后转时，前胯内折，同时重心后移，后腿向下压弹簧。

　　单独练三七步桩时，两手叉腰或抱拳护于两肋，左右腿要交替练习，且顺逆旋转都要练习。熟练后就要结合托盘功和丹田内转功进行组合练习，只有这样练习才能实现各种功法的联动，进而将功法融入拳式当中。

三、功法要点

（一）先转脚踝

先转脚踝是基于"劲起于脚"的原理，目的是要虚实在先，一动即分阴阳，一动即有虚实，是增强"动之则分"、灵活应变意识的有效方法和具体体现。

（二）练磨盘功要有主宰劲力传导的意识

转是缠丝，是催劲，要将劲传至梢节。膝胯的旋转不能刻意，"在意不在气，在气则滞"，刻意转胯、转膝、转腰都是不对的。刻意，劲就断了，劲停在局部不传导就失去了转的本意。腰胯催一分，梢节劲就要增一分，腰胯收一分，梢节劲也要收一分。腰胯缠丝要为手臂服务，腰胯劲传到手上为实，腰胯劲没传到手上为虚。这就如同汽车的挂档，要根据具体情况挂相应的档位。

（三）注意不要用膝盖转圈

膝为中节，中节要随，并要合住劲，不能外撇，外撇劲易散，脚下蹬不住劲。脚尖微微内扣有助于膝盖合劲。

（四）注意旋腰转胯

腰部的旋转是拧裹缠丝，这种缠丝如拧毛巾。转胯是旋转折叠的意思，胯随磨盘圈旋转的同时完成折叠动作。胯向后转胯向内折，胯向前转胯向前开。

（五）后腿支撑压弹簧

后腿的支撑是弹性支撑，是活劲，不能硬抗。当重心后移时，尾闾不能超过后脚根，后腿就要有控制能力，这种控制力就是弹簧劲，这种劲必须经过长时间的训练才能达到。

第七节 转踝子骨

一、功法简述

转踝子骨属下盘辅助功法。脚踝又称踝关节，俗称踝子骨，是脚与腿相连处左右两边突起的部位。转踝子骨就是踝关节的螺旋缠绕运动，是训练脚腕缠丝的功法。太极拳的发劲原理是"其根在脚，发于腿，主宰于腰，形于手指"。人在出拳时往往要先收一下，然后再将拳打出去。先收一下是重心后移和重心下沉，然后回身出拳，将劲力发出。太极拳讲求螺旋缠丝，在收和放的走劲过程中身体是旋转的，当然脚踝也是旋转的。转脚踝就是将脚蹬地面的反作用力上传，经过腰胯传到手臂。脚是下盘的稍节，支撑全身重量，脚踝则是脚部气血运行的重要关口和节点。转踝子骨是陈氏太极拳锻炼踝关节的独特技法，对于保持踝关节的韧性和灵活性，增强脚部功力，保护踝关节健康，促进下肢气血运行都具有重要作用。

转踝子骨有两种练法：一种是脚踩在地面上的练法，另一种是一只脚抬起悬空的练法。脚踩在地面上的练法，是基于"其根在脚"的气之发动原理，是让脚踩上劲，通过转脚踝，使踩地的作用力发于脚、主宰于腰、传于手臂。一只脚抬起悬空的练法，是练单脚悬空的旋转，脚上勾、直绷、内扣、外摆等各种变化，可以锻炼脚踝的灵活性，同时又可锻炼支撑腿的平衡能力。在懒扎衣、单鞭等拳式中，出脚上步时有个圈腿动作就是单脚悬空的缠丝圈。从技击角度讲，提腿是拦防，勾脚是摔法，甚至还可以连接侧踹。

二、基本动作

（一）踩地转脚踝

脚掌平着地，脚指微扣，涌泉穴悬起。脚踝要平转，为稳住重心，脚踝一转，脚指必然紧扣，脚蹬地面，随着腿的屈伸会产生向上反弹作用力，带动膝、胯节节催劲，并经过腰肩传到手臂。转踝子骨要结合托盘圈来练，一定要注意劲的传导，脚踝的气血不能憋住。所谓气血憋住是指在转脚踝时，只是踝关节局部转圈，踝关节与膝、胯关节的联系中断了，气血不能上行。这是因为脚踝的意念太重，犯了"在气则滞"的错误。转踝子骨是辅助功法，其功能是对核心功法的辅助和增强，因此必须结合核心功法去练，这样才能发挥出真正的作用。

在练转踝子骨时，两脚的力量要有轻有重，要分出虚实。即使是马步桩也要有虚实，练马步磨盘桩也是以一侧为主。一定要注意两脚的虚实变化，不能违背太极拳的宗旨。

掌握了转踝子骨的技法，就要在练托盘圈或五式缠丝手时，将这一技法加进去。不仅缠丝圈数量增加了，而且融入了踝关节局部的功力，功法更加丰富，综合技术提高，使整体功力进一步加强。

（二）悬空转脚踝

悬空转脚踝主要是结合拳式去练，其中最有代表性的拳式是懒扎衣和单鞭，单鞭是左式，懒扎衣是右式，这两个拳式左右都练到了。两个拳式在上步前都要先提膝圈腿，然后再向前上步。提膝时脚尖要向上勾，然后脚尖随提随向内扣并回勾，尽量抬高向胸前合劲，紧接着身体下沉，脚跟擦着地面铲出。在这两个拳式中脚有上勾、内扣和侧铲的动作。还有一些拳式，如左右擦脚，出脚时脚尖有外摆动作，又如二起脚，上踢脚要脚面直绷。

武术中有起腿半边空的说法，但对于太极拳来说，提脚不能空，仍要有缠丝劲。提膝转踝子骨，脚带上功就不空了。

三、功法要点

（一）转踝子骨要有一定的速度

转踝子骨要结合磨盘功和丹田内转功来练，胯、膝、踝要合为一体，形成腿部的一张弓。练时要带上点劲练，要有一定的速度，不能太慢。要使旋转产生一定的惯性，速度太慢，这种惯性就没有了。在这种状态下，脚趾自然会抓地，不然就站不稳。若与上、中盘缠丝圈相合，就形成了"三转"，并会有下盘劲起于脚、中盘劲主宰于腰和上盘劲达于梢那种三盘联动的感觉。

（二）注意两脚的虚实变化

在转踝子骨时要注意两脚的虚实变化。两脚不能同时转，要侧重一只脚，以一只脚为主，要有阴阳虚实之分。一般来讲，哪只脚吃力转哪只脚。左脚吃力，说明来力传到左脚，使左脚产生了顶劲。这时要转左脚踝，化解左脚的顶劲。当右脚吃力时就转右脚踝，化解右脚的顶劲。踝关节的顶劲来自上盘接手所受的力，需要结合手臂、躯干和膝腿的缠丝，形成组合劲化解来力。

第八节　身法要诀

一、功法简述

身法要诀就是"三转一提拉"五字要诀中的"一提拉"。身法是在练功行拳时对身体各部的要求，包括头部、手臂、躯干和腿脚各部位及各大关节。"三转"时为何要"一提拉"？这是因为三转都是旋转的螺旋劲，需要一根线将其串在一起，这样三盘可统为一体形成合力。这根线就像是一根轴，能起到稳定重心的作用，离了这根轴三盘就会各自为政，劲就会散，合不到一起。这根轴由两段组成，第一段是上自头顶百会穴，沿脊柱向下，经大椎、命门到尾骨下端的长强穴；第二段是自长强穴到地面两脚之间的重心垂线。武禹襄的《身法八要》说："涵胸拔背，裹裆护肫，提顶吊裆，松肩沉肘。"杨氏的《身法十要》说："提起精神，虚领顶劲，含胸拔背，松肩坠肘，气沉丹田，手与肩平，胯与膝平，尻道上提，尾闾中正，内外相合。"讲的都是身法要领，其中提到的提顶吊裆、虚领顶劲、气沉丹田、尻道上提、尾闾中正等，均包含了自头顶百会沿脊柱向下的这根轴线。而陈长兴的《太极拳十大要论》中论身法时写道："夫发手击敌，全赖身法之助，身法维何？纵、横、高、低、进、退、反、侧而已。"从实战角度对身法做了阐述。由此可见，身法包括两种含义，一是指自身练功的身法，杨氏《身法十要》还提到了神和气，这是自练身法；二是陈长兴论述的与人交手的身法，这是实战身法。这两种身法缺一不可。

"一提拉"虽然只有三个字，但是言简意赅，提纲挈领，贯穿于三盘功法之中，既是拳法的立身之根本，又是变化之灵魂。

二、基本动作

身法是身形动作的要领，是由意念统领的内动，不追求外形动作，是具体功法中身体各部的技术要领。在此，不做外形动作的描述，主要是讲身法的技术要领。

（一）立身中正

立身中正就是王宗岳《太极拳论》中所说的"虚领顶劲，气沉丹田，不偏不倚"，也点出了立身中正的实质。王宗岳所讲的不偏不倚是指拳式整体构架的稳定，而不是要求身体绝对保持直立，一点都不能倾斜。太极拳大部分拳架是取斜式，动作并不是左右对称的，但整体重心是稳定的，身体并不会倾倒。练拳时，不管拳式是取马步的左右对称架式，还是取弓、虚、仆步等不对称的斜式，都要保持身体重心的稳定，这才是立身中正的本意。

太极拳是用意识引导动作的运动，因此头部的状态和动作非常重要，只有在全身放松的情况下才能做到虚领顶劲。所以《十三势行功歌诀》中说："满身轻利顶头悬。""顶头悬"者，实际就是放松和舒展。这种放松和舒展是向上的放松和舒展，如向下沉，则必然挤压胸腔和脊柱。虚领顶劲和气沉丹田是同时作用的，只有百会上领，顶头悬起，颈椎放长，才能减少脊柱的压力。同时"气沉丹田"，使脊柱节节松开，节节放长，向尾闾下沉，筋膜对称拉伸，有利于任督二脉气血畅通。提起精神、虚领顶劲、气沉丹田，都是讲"一提拉"的作用。

（二）重心稳定

若要在运动中保持身体不偏不倚，就要掌握好重心的变化，保持重心的稳定。在受到外力作用时，身体重心的平衡会被打破，这就需要随时调节重心的位置，通过虚实变化转换身体重心，以保持身体构架的平衡。王宗岳在《太极拳论》中讲得很清楚，"无过不及，随曲就伸""左重则左虚，右重则右杳，仰之则弥高，俯之则弥深"等论述，就是身体动态时保持重心稳定的要点，并谈到了曲直、刚柔、急缓、俯仰、轻重等多种阴阳变化关系。

保持身体重心稳定非常重要，不管是自练还是与人交手，都要做到不偏不倚，始终保持平衡状态。平时练拳要细细揣摩，反复练习，只要功夫下到了，熟能生巧，形成潜意识，交手时自然会迅速作出反应。保持重心的动态平衡，需要随时转换重心。人体重心大约在腹部，也就是在丹田部位。与人对练或交手时的步法很重要，膝关节屈曲站成马步或三七步会降低重心，重心低才站得稳。气沉丹田，气血下沉，也是起稳定重心的作用。重心稳定不仅包括拳式构架的稳定性，还包括身体移动的灵活性。身体移动时既要求稳，又要求灵，稳和灵要同时兼顾，这是练太极拳的难点之一。

三、功法要点

重心、力点和支点是身法中的三个要点，是否能控制住对手或摆脱对手的控制，关键是能否通过力点控制住对手的重心，或转换自己的重心而化解对手的控制。力点好找，但有效地控制住力点就难了。

（一）重心

人体全身所受重力的合力的作用点就叫人体重心或人体总重心。人体重心是人体的平衡点，站立时，人体重心一般在身体正中面上的第三骶椎上缘前方约7厘米处，也就是丹田所在的位置。人们在建造栏杆时横杆的位置一般要高于人体重心，这样人在倚靠栏杆时才不会栽倒。练拳时两腿分开，身体下沉，就是为了降低重心，使身体更加稳固。

以上讲的是自身练功的重心，还应该考虑到假设敌的重心。两人较力，都想把对方推倒，若一方失去重心就会被摔倒。若要保持住自身重心平衡，还需要通过力点来听劲，掌握对手的重心变化，并控制住对手，进而破坏掉对手的平衡，克敌制胜。太极拳有"得中护中"之说，这个"中"就是指重心。也有将中心和重心分开的，说中心在重心之后，但笔者认为要找中心先要找到重心，找到对手的重心是关键。"得中"，是找到并控制对手重心；"护中"，是护住自己的重心，或隐藏自己的重心而不让对方找到。要想找到对手的重心，就要通过双方的接触点来听劲，这个接触点就是力点。在接触点上，双方发出的力相互作用才能感觉到，这时要控制自己劲力的大小和方向，通过变化"听"对方的劲，找对手的重心。这种功夫相当难练，不仅要有恒心，而且要心细，还要有一定的悟性。

（二）力点

要明白什么是力点，首先要明白什么是力。中国古代文献《墨经》就把力的概念总结为："力，形之所由奋也。"就是说，力是使物体运动的原因。用现在的话来说：力是物体与物体之间相互作用所产生的。力的大小、方向、作用点是力的三要素，其中作用点就是力点，也叫受力点，是防御时抵御外力的接触点。有时接触点有好几个，这时就需要找出一个主点作为实点，松掉其他的点，通过这个实点就可找到对手的重心。对手的重心要通过试劲去"听"，找到后不要顶劲，要做到"人不知我，我独知人"。同样对手也会用相同的方法设法控制我，我则要通过旋转、折叠等变化粘黏走化，隐藏我的重心，让对手找不到。要做到这一点，不仅需要有过硬的技术，还要有快速反应的能力，这是太极拳更高一层的功夫。

（三）支点

支点是保持重心稳定的支撑点，就全身而言，人的脚就是支点。这是因为脚是踩在地上的，由于地球引力，人在直立时，重心与躯干处于同一垂线上，这时脚起支撑作用。如果受到横向的外力，为了保持身体平衡，需要两脚分开来抵住外力，后脚就变成了支撑点。人的两只脚就是两个支点，有时需要一个支点，有时需要两个支点。独立式、虚步是一个支点，三七步、马步或半马步等是两个支点。两个支点受力大小和重心的位置是由力点受力的大小和方向决定的。重心位置偏向哪个支点，哪个支点承受的力就大。相反，这个支点受力就小。

在太极拳技法中有拿掉支点的技术，这是因为外力在接触点上被化解了，外力改变方向，传不到脚的支撑点上了，所以脚就感觉不到外力了。比如：两人交手两臂相搭，一边受力，另一边必然会撑住，这种状态就成了双方的较力，力大者胜。太极之法是松开一个支点，用俗话说就是拿掉拐棍，只剩一个点就好办了。当有多个支点时，对方会以另外的辅助支撑点来保持平衡，去掉这个支撑点对方就难以平衡，这是有效化解顶劲的要点之一。

（四）找出力点、重心、支点

力点是自身与外力的接触点，重心是保持身体平衡的点，支点是稳定重心的支撑点。外力从力点经重心到支点是一条线，这条线可以是直线，也可以是弧线，外力会沿着这条线从脚传向地下，这时受力者会明显感觉出来力的大小和方向。假如防守方的力量足以抵御外力的攻击，那么外力越大，防守方的重心就越稳，对方是推不动的。如果外力沿力点到重心点后改变了方向，没有传到支撑点，防守方使不上劲，就很容易失去平衡。来力在传导过程中方向或大小突然发生了变化，没有传到支点，支撑脚空了。这就是一种把控力点、重心和支点的能力。接手时先接触到力点，通过听劲找到对方的重心，但是并没有与对方的重心连上劲，这时已经控制住了劲路，为拿劲做好准备。拿劲是太极拳的高级功夫，不但需要有听劲和粘黏走化的能力，还要有准确快速的反应能力，非一日之功所能及。

练太极拳经常讲要"问"动对手重心，这是指通过试劲判断对手重心的位置。真正"问"时，需要改变角度，不要对准重心打，要在边上打，但也不能偏离太远，如果偏离太远，就"问"不到了。这种发劲的角度和大小及速度的掌控能力是一种综合技术，需要长时间勤学苦练，并通过试手等实践经验的积累才能达到。

太极拳讲究后发制人、防守反击，要掌握听、化、拿、发的技能。听、化、拿这三个阶段起决定作用，拿住对手劲路即已锁定胜局，至于发劲则可视情况而为。太极拳技击技术是化打合一，边化边打，化即是打，打即是化。若听不清则化不开，化不开则拿不住，拿不住则发不出。听、化、拿、发针对的就是力点、重心和支点，这三个点是关键，至关重要。

（五）重心、力点、支点的应用

1. 化和发

（1）化劲，力点到我方重心要断，重心到支点要连。

力点到重心要断，就是让对方找不到我的重心，对方找不到我的重心也就无法破坏我的平衡。重心到支点要连，是时刻保持重心有支撑点，一旦受到攻击，即使来力沿重心传到支撑点，也能保持重心稳定。但这是一种顶劲，实际运用时，这种顶劲只发生在一瞬间，所以要保持住自己的功法构架，要利用后腿的弹簧劲使来力得到缓冲，并在缓冲时间内及时转换，将来力化解。

（2）发劲，力点到对方重心要连，重心到支点要断。

力点到对方重心要连，就是要找到对方的重心，使我的劲打到对方重心，从而破坏对方的平衡。重心到支点要断，是使对方的重心不能获得有效支撑，无法保持自身的平衡。但是要能感觉到对方重心与支点的连线，有时会轻触支点，在听出支点劲时通过螺旋运动改变方向，对方则会失去平衡。这种功夫用书面语言只能表其大意，真正理解和掌握还需下长久之苦功，在实践中用心去体悟。

2. 应用要点

（1）掤住力点。掤住力点是接手时在受力点上掤住劲，感觉对手力的大小和方向。掤劲要顺随，敌进一分，我退一分，敌退一分，我随一分。粘黏连随，不丢不顶。掤住力点，接手即转，不转即顶劲。接手要用三分劲，留有余地，灵活转换。

有时会有两个或两个以上的受力点，这就需要根据"左重则左虚，右重则右杳"的原则放开其中一点。用力较重的一侧是对方将要控制我的一侧，放开这一侧，对方就失去了控制点，我同时控制住另外一点，转守为攻。

（2）连接重心。连接重心就是要通过力点找到对手的重心并控制住，将对手的劲拿住。这叫找中、对中。同样，对手想要控制住我的重心，会采取同样的办法。那么，我的重心一定不能让对手找到，要通过走化将重心隐藏，这叫藏中。

（3）拜佛手。拜佛手是找中、对中的一种方法，即力点对重心。不管手从何处接力，都通过弧形走化将来力引回到胸前。这个过程虽在一瞬间，但已经过了听、化、拿三个阶段，是寻找对方重心的过程，找到对方的重心也就对准了对方的重心。拜佛手是一种记忆法，一提到拜佛很容易联想到手掌立于胸前，这种方法对于快速掌握寻找重心的技术非常有效。

（4）连接支点。防守时要把受力点的外力引向自己的支点，同时快速松劲，使外力传到脚下。进攻时要通过力点找到对方重心，并破坏对方重心与支点的连线，使对方使不上劲。力点到支点的劲要掤住，松掉了，劲就使不上了。

（5）放开支点。放开支点是为了不顶劲，也叫去掉拐棍。当一方将要失去平衡时，会下意识地用手寻找支点，如果找到支点则重新找回身体平衡。这时，我方应迅速将这个支点化掉，对方就没有了支点，或者说没有拐棍的支撑了，自然就无法保持身体的平衡。在两人僵持不下时，就要判断对方两手的劲哪一边较重，较重的一侧就是支点，也就是顶点。之所以顶住，是力从这个点传到了脚上，脚作为支撑点顶住了劲。这个点放不开，顶劲就化不了，放开这个点，支点就空掉了，脚就使不上劲了，对方就会失去平衡。

太极拳练听劲，其中之一就是练判断力，要判断对方力的轻重，锻炼"左重则左虚，右重则右杳"的应变能力。太极拳讲的松不仅仅是自己打拳时要松，与人交手时，一旦顶劲，就要放松，放开支点就是练松。这种松劲功夫上身，说明你已达到了节节能连、节节能松的层级。

四、手形和步法

一般来讲，身法包括手、眼、身、步，故将手形和步法并入身法要诀一节。

（一）掌

陈氏太极拳的掌形称作瓦拢掌，即大拇指与小拇指相合，大拇指尖略后仰，虎口要开，其余四指微微分开，自然伸直，指尖略向后弯曲，五指相错成螺旋形（图27）。一指领劲缠丝，其余手指要随动作依次缠绕。掌形似刀，可切可斩。

图27

图28为顺缠丝时小拇指合劲的状态，图29为逆缠丝时大拇指合劲的状态。

图28 　　　　　　　　　　图29

还有一种掌形称为虎形掌，是瓦拢掌熟练后，五指由向外弯曲变为内扣，各指成勾，类似虎爪，其他要点相同。

两种掌形各不相同，各有侧重。瓦拢掌五指伸开，手指领劲缠丝，便于疏通经络，适用于初学和保健养生。虎形掌五指内扣，适用于擒拿手，便于抓、扣、刁、拿，是技击的实战掌形。

（二）勾手

陈氏太极拳的勾手是由掌变勾，是依次将小拇指、无名指、中指、食指卷握，其中大拇指与食指指梢节相贴，中指、无名指指尖按于手心劳宫穴上，小拇指紧贴无名指。勾手要求手腕舒展，随手腕旋转而动。

勾手在技击上起刁、拿、锁、扣的作用，也可用手背腕骨处击打。勾手的大拇指和食指指尖相扣，形如小鸡的头部。指尖向下称为"小鸡啄米"（图30），指尖向上称为"小鸡望鹰"（图31）。

图30 　　　　　　　　　　图31

（三）锤

陈氏太极拳把拳称作锤，即以食指、中指、无名指、小拇指并拢卷屈，指尖贴于掌心，大拇指卷屈，贴于食指与中指中节指骨上成拳形，四指根节成一平面，握拳不宜过紧，要松紧适度（图32、图33）。握拳也要体现出阴阳虚实变化，击出时五指要握紧，收回时要放松。

图32

图33

（四）三七步

三七步是陈氏太极拳的主要步法，这种步法重心稳，移动灵活。要求扣膝、裹胯和后腿压弹簧。

三七步与弓步类似，但后腿微屈，不蹬直。前腿膝前弓，不过脚尖，脚尖内扣，与身体成45°，重心于两腿之间。若将两脚之间距离十等分，重心移动时距边沿要保留三分的距离，在三七分之间移动。后腿微屈呈弧形，保持受力时的弹性，脚尖要微向内扣，膝向内合，与前膝合住劲。重心移动时，前不过三，后不过七，也就是前后均需留出三分余量，重心在此范围内移动以保持稳定。

平时练习时可做上下颠步练习，颠步时后腿要有支撑感，找到压弹簧的感觉。三七步是一种活步，是用于实战的步法。

陈氏太极拳套路中主要的步法是三七步，重心前移时则接近于弓步，重心后移时则接近于虚步，下势时则为仆步，只有少数定式站成马步或半马步。三七步的要点是裹胯扣膝。前膝内扣是防止对手踢我迎面骨，后膝内扣是使后膝始终对着前腿膝部的腿弯处。在练拳架时，身体有时会左右旋转，这时后膝也要内扣，不要外撇。如果后膝外撇，则会承受侧力，加重后膝的负担。两膝要合住劲，否则膝盖容易受伤。

有的太极拳门派讲，盘架子时两脚之间分五个点，重心要在二、四点之间运行，超过二、四点时即为过，说的也是同样的道理。总之要将重心控制在自己掌握的平衡范围之内，重心不能过，过则易失重而受制于人。

除了定步，还要经常进行左右、前后的移动练习。移动时要走弧步，不要直进直退。进步时要向斜上方进步，撤步时要向斜下方撤步。身体在移动时重心不能出圈，重心移动时脚要同时移动。陈长兴《用武要言》的进身要诀云："发步进入须进身，手脚齐到是为真。"还有"手到脚不到，击敌不得妙，手到脚亦到，破敌如摧草。"讲的都是移动步法的要点。

第九节　功法组合

一、功法简述

以上各节分别介绍了陈氏太极拳传统功法中的七种功法和身法要诀。单个功法虽各有功效，但只能发挥各自的局部作用，在实际运用时，需要全身各部协调配合，才能发挥功法组合的作用。托盘功、丹田内转功和磨盘功三种核心功法，分别与人体上、中、下三大节（即三盘）相对应，练的是三个最基本的缠丝圈。这三个基本缠丝圈又分别由上中盘之间的胸背圈和中下盘之间的腰胯圈相连，还有手脚两梢的手指圈和脚踝圈，共有七重圈相连。除丹田圈外，其余各圈均有左右之分，这也使缠丝圈更为复杂。若要实现所有缠丝圈的统一调动，就要做到开合有度，收放自如，协调一致，需要下相当大的功夫。练功就像盖房子，首先要准备基础材料或构件，然后再将这些基础材料或构件按照规范进行连接和安装，最后完成房子的整体构架。各种单独的功法就好比建筑的基础材料或构件，按照功法要求和要领，将各种功法有机地结合起来，通过刻苦训练，练出整体功法。

功法组合主要是练整体配合，所谓上下一线贯穿，就是劲路上下要一气贯通，虽然各种功法均在练圈，但劲路是上下相连的。如两人推手，接触点在手腕，从腕经肩背至腰胯，再经膝部至脚下，要节节相连，劲路贯通。当手受力时，若上下一张弓，脚就会立即有反应，手必会掤住劲。若手腕一转，或肩一松，或胯一折，只要中间某一环节松掉，来力就不起作用了。

总之，功法组合是将各种功法结合在一起的综合训练，通过各功法之间的内在联系，可充分调动身体各部机能，提高整体协调能力和控制能力，发挥出整体的威力。

二、基本动作

功法组合训练要注意身体各部的相互协调配合和对应关系，注意各节的虚实关系和开合变化。下面以左顺步正反托盘圈为例具体说明，拗步托盘圈可以此为参照。

（一）正托盘

动作一：预备势

站左顺步三七步，左手呈拜佛手立掌于胸前，手腕对准身体中线，护住中路，并与后脚的连线在一条线上。左手腕和左肘尖位于托盘圈的右下弧上——腕部位于托盘圈的最右侧端点，肘尖位于托盘圈的下顶点，前臂处于托盘圈的右下弧上。右手叉腰。两脚尖向右斜约45°，前脚尖与后脚跟在一条直线上。脚尖内扣，两膝相合。百会上提，气沉丹田，松肩沉肘，命门后撑，目光平视前方，呼吸自然。

预备式动作要点如图34所示。

百会上提

松肩沉肘

拜佛手

右手叉腰
命门后撑

两膝相合

图34

动作二：走线板

（1）上盘

左手出手顺缠走线板，大拇指外开领劲，小拇指合，与大拇指和食指根部相对应的手背是接力点，沿托盘圈向上走右弧。手腕自托盘圈的右侧端点走到上顶点，左肘自下顶点走到右侧端点。手心向上托盘，高不过眉。

（2）中盘

身体右转约45°，左侧合胸开背，目视前方。随身体右转，丹田之气贴气海走右弧向前转，重心稍向前移。

（3）下盘

左胯渐开展，随身体右转向前走右弧转磨盘。前腿向前弓，膝不过脚尖，后腿蹬住劲。起手时，脚踝顺势小转，重心先向后移到右脚，紧接着随正托盘圈的旋转向前移到左脚。

出手正托盘走线板，腕肘肩、胸腰腹、胯膝踝要贯串一气，合成一张弓，整体顺缠旋转，如拧毛巾，出手走掤劲。

走线板动作要点如图35所示。

开胸合背　　　　　　　　　　　合肘顺缠

后腿蹬住　　　　　　　　　　　两膝相合

图35

动作三：定腕盘肘

（1）上盘

手腕定住，手指逆缠，翻手转托盘。大拇指领劲向掌心合，小拇指外开，力点由手背转向掌心一侧。左肘自右向左走下弧盘肘，肘尖从托盘圈的右侧端点转到左侧端点，由内合肘变外开肘。手臂由走线板变为抱月牙状态，左腕对准身体中线。

（2）中盘

以腰为轴身向左转回正，重心仍在左腿，腰部命门撑住劲，丹田气随之向左转。开胸，背仍保持开的状态。

（3）下盘

左胯随身体左转向左推磨盘，由右向左走上半弧。右脚蹬实，两膝相合，不可外开。

定腕盘肘是由走线板向抱月牙转换，劲也是由上掤劲变侧挤劲。要求臂弓、身弓、腿弓合为一体，形成整劲。转换点上劲要顺随，勿使有缺陷处、勿使有凹凸处、勿使有断续处。要在对方不知不觉中完成手肘位置转换和掤挤劲的转换。

定腕盘肘动作要点如图36所示。

肩背挤靠　　　　　　　　　　　手腕上掤
命门后撑　　　　　　　　　　　肘外掤挤
　　　　　　　　　　　　　　　胯左转
后腿蹬位　　　　　　　　　　　膝内扣

图36

动作四：抱月牙

（1）上盘

左手顺缠收肘抱月牙，自上而下走左弧。小拇指向手心内合领劲，左腕走到托盘圈的左侧端点，手心向前，手掌微向前倾。左肘走到托盘圈的下顶点，与左肋合住。

（2）中盘

身体继续向左转，重心后移并微向下沉，丹田气贴左胯往回转，开胸合背。

（3）下盘

左胯随重心后移向内折，右腿压住弹簧劲，重心坐于右腿，两膝仍要合住劲。

收肘抱月牙是由挤变捋。重心后移、左胯内折，身体向前倾斜，将来力向下引化，使手腕黏住受力点，走捋劲时更加省劲。走捋劲要以腰带肘，以肘带手，向折胯腾出的空间捋。走左弧就是为了避免捋向自己，不给对手可乘之机。

抱月牙动作要点如图37所示。

图37

动作五：定肘盘手

（1）上盘

左肘合于左胯，小拇指继续向手心内合领劲顺缠，手由左向右走下弧，转到托盘圈的右侧端点。

（2）中盘

身体随之右转，合胸开背。胸腰转了一圈，丹田气也随之走了一圈。盘手转身时，身体不能后撤，要以腰为轴向右旋转。

（3）下盘

右腿要蹬住，压住弹簧劲，坐住右腿向右盘手。

定肘盘手是身体右转，由捋变按，这时重心仍在右腿。至此，经过两弧两转四个阶段，完成一个完整的单手缠丝圈。如要继续练托盘圈，需要从动作一重新开始走。如果要收势，则需将身体调整回正，回到拜佛手收势。

定肘盘手动作要点如图38所示。

百会上提

松肩沉肘

拜佛手

右手叉腰
命门后撑

两膝相合

图38

（二）反托盘

动作一：拜佛手

与正托盘预备式动作相同。
拜佛手动作要点如图39所示。

百会上提
松肩沉肘
拜佛手
右手叉腰
命门后撑
两膝相合

图39

动作二：定肘盘手

（1）上盘
左肘合于左胯，以肘为轴手臂向左逆缠，小拇指向手背外开领劲，手由右向左走下弧，转到托盘圈的左侧端点。

（2）中盘
身体左转，开胸合背，丹田气贴着命门随身左转。转身时，身体不能后撤，要以腰为轴向左旋转。

（3）下盘

左胯向内折，从右向左走下弧。右腿要蹬住劲，压住弹簧劲，重心坐于右腿。

定肘盘手是拜佛手直接下按，也可视为由收肘走线板向出手抱月牙转换。劲法是由捋变按。

定肘盘手动作要点如图40所示。

合背开胸

下按左挤

胯向内折

重心坐于后腿

图40

动作三：抱月牙

（1）上盘

左手逆缠出手抱月牙，自下而上走左弧。小拇指向手背外开领劲，左腕走到托盘圈的上顶点，手心向上呈反托盘状，高不过眉。左肘走到托盘圈的左侧端点，左肘外开，手腕对准身体中线。

（2）中盘

身体向右转回正，重心前移。丹田气贴左胯向前转，合胸开背。

（3）下盘

左胯随重心前移外展，左腿前弓，左膝不超过前脚尖。右脚蹬地，两膝仍要合住劲。

出手抱月牙是掤劲。重心前移，左胯外展，命门撑住，上中下三盘一张弓，走出整体的掤劲。

抱月牙动作要点如图41所示。

合胸开背

手腕上掤

肘外掤挤

命门后撑

胯右转

膝内扣

后腿蹬住

图41

动作四：定腕盘肘

（1）上盘

手腕定住，手指顺缠，翻手反转托盘。小拇指领劲向掌心合，大拇指外开，力点由掌心一侧转向手背。左肘自左向右走下弧盘肘，肘尖由托盘圈的左侧端点转到右侧端点，由外开肘变内合肘。手臂由抱月牙变为走线板，左腕对准身体中线。

（2）中盘

以腰为轴身向右转，重心仍在左腿，腰部命门撑住劲，合胸开背，丹田气随之向右转。

（3）下盘

左胯随身体右转向右推磨盘，由左向右走上半弧。右脚蹬实，两膝相合，不可外开。

此处的定腕盘肘是由出手走线板向收肘抱月牙转换，劲也是由上掤劲变侧挤劲。要求臂弓、身弓、腿弓要合为一体，形成整劲。转换点上劲要顺随，要在对方不知不觉中完成手肘位置转换和掤挤劲的转换。

定腕盘肘动作要点如图42所示。

开胸合背　　　　　　　　　　合肘顺缠

后腿蹬住　　　　　　　　　　两膝相合

图42

动作五：走线板

（1）上盘

左手收肘逆缠走线板，小拇指外开领劲，大拇指合，与小拇指根部相对应的手背是接力点，沿托盘圈由上向下合肘走右弧，手腕沿右弧自上顶点走到右侧端点，左肘自右侧端点走到下顶点，并与左肋合住劲。

（2）中盘

身体左转约45°回正，开胸合背，目视前方。丹田之气贴右弧向后转，重心稍向后移。

（3）下盘

左胯渐折，并随身体左转向后走右弧转磨盘。前腿渐收，后脚蹬实，压住弹簧劲。

反托盘圈，腕肘肩、胸腰腹、胯膝踝同样要贯串一气，合成一张弓，整体逆缠旋转，如拧毛巾，收肘走线板走捋劲。至此，完成了一个完整的反托盘圈，如要继续转托盘圈，则需从动作一重新开始走。如要收势，只需将身体调整回正，回到拜佛手收势。

走线板动作要点如图43所示。

百会上提

松肩沉肘

右手叉腰
命门后撑

拜佛手

两膝相合

图43

三、功法要点

（一）以托盘圈为基础逐渐加圈，层层递进

缠丝劲有两种含义：一是缠裹，二是解脱。缠裹是缠紧、捆绑的意思。解脱是松开、解开、脱开捆绑的意思。缠丝劲既是控制、约束、擒拿之法，同时又是解脱、解拿、反制之法。一缠一解，一紧一松，不仅体现出阴与阳的对立性，而且还含有阴不离阳，阳不离阴，阴阳相济的统一性。缠丝劲充分体现了阴阳矛盾的对立统一关系。俗话说：解铃还需系铃人。擒拿用缠丝劲，解拿反拿还是用缠丝劲，这就是缠丝劲的精妙所在。

练缠丝圈首先要弄清托盘圈的缠丝，而后再逐渐加圈，层层递进。托盘圈分正手圈和反手圈。正手圈是顺缠丝，反手圈是逆缠丝，但在定腕盘肘时，正手圈是逆缠，反手圈是顺缠。定腕盘肘是转换点，盘转后，仍回到原有的顺缠或逆缠状态。走线板时，正手圈是顺缠，反手圈是逆缠。抱月牙时，正手圈是顺缠，反手圈是逆缠。

在托盘圈中，线板和月牙是用来比喻手臂的两个弓面，线板是凹面，月牙是凸面。凹面为阴，凸面为阳，凹面为虚，凸面为实。线板和月牙的转换，即凹凸面的转换，以表现劲力和劲路的阴阳和虚实转换。如左单鞭式，左手走正托盘圈，出手时是顺缠走线板，然后身体左转，手腕对准身体中线逆缠定腕盘肘，将肘盘到左边，内合肘变为外开肘，劲由掤变挤。

弄清了托盘圈的缠丝劲，再加入丹田圈和磨盘圈，将三个主圈相连，体悟三盘联动时身体各节的相互关系，训练整体的缠丝劲。单个功法只能发挥该功法的局部作用，只有将功法组合起来，才能产生联动效应，从而发挥功法的整体作用。

（二）借力需要借势

太极拳中藏着许多抖大枪的动作。抖大枪的基本动作是拦拿扎，首先要把枪头抖成个圈，完成拦拿，然后再借势扎出。太极拳通过走缠丝圈产生螺旋劲，就是运用了抖大枪的原理。扎要借拦拿之势，同样道理，太极拳发劲需要借螺旋缠丝之势。借势要把握时机，早了时机未到，晚了势头已过，要恰到好处才能得机得势。要练借的功夫就需要有势，行拳时要带上点劲和速度才能产生势，劲不能太轻也不能太重，速度不能太快，也不能太慢。劲力大小和速度的把握需要在实践中不断摸索，肯下功夫多练才能渐有感悟。由此可见，太极拳的慢练，要把握度，太慢太快均不可取。

（三）掌握好四种动态结构

四种动态结构分别是走线板、抱月牙、定腕盘肘、定肘盘手。虽然名称取自托盘圈的四个基本动作，却是指身体上中下三盘的整体结构，并且在运动状态下做到劲力贯串、重心稳定和转换灵活。这四个基本动作又分为两种运动形式：一是走弧，二是旋转。走线板和抱月牙是走弧，定腕盘肘和定肘盘手是旋转。

1. 走线板和抱月牙

如在走线板和抱月牙走弧时，我方以手腕掤住对方来力进攻，劲从手腕接触点起，中间经过腰胯传到脚下，劲路是一线贯串。一旦手腕被化掉，必须及时以肘（或者用肩）代替手腕，变为肘（或肩）、腰胯和脚三点相连，仍然要保持重心不丢，这是走化的前提，这一点做不好，在接手阶段就失败了，也就没有机会走化了。用肘或肩接替手腕，是通过走线板和抱月牙走弧来完成的。这种劲路一线穿的功夫就是守中线的功夫。在练走线板或抱月牙时，起势的拜佛手，手腕是对准身体中线的，脚跟也是对准中线的。走线板或抱月牙走弧时，手向两侧走，离开了中线，肘就要同时向中线跟进，接替手的中线位置，手继续走弧又回到中线，肘则又向两侧走弧，或合肘或掤肘，离开中线。手或肘总有一个在中线，不论怎样，中线总有保护。要保持走线板和抱月牙动态结构的稳定，守中护中是要点。

2.定腕盘肘和定肘盘手

走线板和抱月牙是通过走弧守中线，定腕盘肘和定肘盘手是通过旋转守中线。定腕盘肘的旋转点在托盘圈上顶点，定肘盘手的旋转点在托盘圈的下顶点，这两个点都要对准身体中线。通过原地旋转，将肘从左盘向右或从右盘向左，完成线板内弧和月牙外弧的相互转换。在结合拳架训练时，身体会左右转动，但仍然要保持中线不丢。在上顶点手腕始终对准鼻尖，在下顶点肘尖始终要与肋相合。

（四）以意念统领外形动作

意念虽不是劲法，却是外形动作的统领。王宗岳《十三势行动歌诀》中有"变转虚实须留意""仔细留心向推求""意气君来骨肉臣"等论述，都讲到了"意"。练太极拳是练内功，而不仅是外形动作，必须意念先动，以意统领。以意领气时，意在手则气行于手，意在肘则气行于肘，意动则气动。"气遍周身不稍滞"是意念的引导和指挥。"梢节领、中节随、根节催"可以理解为：手领时意念在手，肘随时意念移动到肘，肩催时意念在肩。当腕、肘都被人控制时，我则松掉腕、肘，用肩掤住（这时肩并不一定接触到对方，而是对准对方中线），这时腕、肘为虚，肩为实，腕肘松并非全松，而要根据需要掌握好松的程度，这一过程是走化蓄劲。发劲是以肩催肘，以肘催手，肩、肘、手瞬间皆实，因此发劲要突然、速度要快，然后迅速放松，不然容易被制。在蓄劲发劲的一瞬间，肩、肘、腕三点即产生出不同的虚实变化，重点是在蓄劲阶段。蓄劲阶段的这种复杂变化是通过意念的指挥来完成的。因此，平时练拳要注重意念，以意念指挥和引导外形动作。"以心行气，务令沉着"，其中的

"心"就是大脑的意念活动。"心为令，气为旗"中的"心"也是这个意思。太极拳五字要诀中的"一提拉"，同样要以意念统领。由此可见，意念是内功修炼的关键。

功法组合是"三转一提拉""两缠两折叠"所有功法的组合，少了哪个环节，功法构架都不完整。只有通过系统全面训练，才能表现出太极拳那种"纵放屈伸人莫知，缠绕诸靠我皆依"，环环相扣，节节相连，连绵不断的螺旋缠丝劲的特点。

泓生先生传授的这套陈氏太极拳传统功法，风格独特，内容丰富，为便于记忆和指导功法训练，特编成以下八句五言口诀：

三转一提拉，五字是真言。
三盘三节法，上下一线穿。
月牙和线板，正反托盘转。
阿弥陀佛手，十指顺逆缠。
胸背折叠劲，开合折门板。
丹田内转功，腰胯虚实变。
缠转踝子骨，劲自脚下传。
脚踩三七步，旋转推磨盘。

第三章 太极开门手

太极拳是建立在阴阳变化理论基础上，通过螺旋缠丝运动和劲力的虚实变化，实现借力打力的一种实用技击技术。借力打力决定了太极拳后发制人的技击原则和特点，而听、化、拿、发的过程正是借力打力的具体体现。听，是判断来力的大小、速度和方向；化，是化解来力，使来力走空；拿，是控制住对方的劲路，形成我顺人背之势；发，是打击、是发放。在听、化、拿、发过程中，听、化、拿是借力，发是打力。由此可见，借力经过听、化、拿三个阶段，是重点，也是难点，而打力则是顺势而为的最后攻击，是经过前三个阶段后的预期结果。如果前三个阶段做到位，预期的目的就会很顺利地达到。

按照借力打力的原则，太极拳的招式可分解为两个部分，前半部分是借力部分，称为起手式，后半部分是打力部分，称为本式。一般来讲，在听、化、拿、发过程中，听、化、拿是前半式，也就是由起手式完成的，而发是后半式，也就是由本式完成的。在太极拳中，一些招式的起手式是相同的，而本式不同。太极拳的拳式名称一般是根据本式的风格特点来命名。如懒扎衣和白鹤亮翅，起手式都是太极缠丝手，由于本式不同，才形成了两个不同拳式。若将存在共性的拳式进行综合归纳，可使诸多拳式得到简化。单手的正反缠丝圈是最基本的缠丝圈，若双手组合可产生同步同向缠丝、同步反向缠丝、左右交替缠丝等变化，归纳起来共有五种基本组合变化，即双缠手、太极缠手、开合缠手、内圈缠手、外圈缠手。这五种组合缠丝动作称为五式缠丝手。太极拳的招式大多数可以用这五种缠丝手之一为起手式来带入本式。五式缠丝手各有代表拳式，双缠手的代表拳式是金刚捣碓，太极缠手的代表拳式是懒扎衣，开合缠手的代表拳式是六封四闭，内圈缠手的代表拳式是斜行，外圈缠手的代表拳式是云手。这五个拳式是陈氏太极拳最具代表性的经典拳式。

俗话说：手是两扇门，全凭脚打人。前半句的意思是说手臂好比两扇门，可将对手的攻击拒之门外。同样，能否打开对方的门户，需要起手进招进行破解。万千变化全在手上，接手的重要性不言而喻。因此，五式缠丝手又称太极开门手。

太极拳兼有健身和技击两种功效，二者是分不开的。其中健身是基础，没有强壮的身体就谈不上技击。平时健身可站马步，也可站三七步。若从实战出发，步法应采用三七步。注重实战需重视开门手，要有假设敌，注重接手和攻防意识训练。用开门手接手进招一般有两种方法，一是内接法，二是外接法。内接法也叫内接手，是从进攻方手臂内侧接手进身，攻击对方中路；外接手是从进攻方手臂外侧接手进身，控制进攻方的外侧，形成我顺人背之势，使对方另一侧的手臂无法施展。内外接手是可以相互转换的，如想用外接手，结果用了内接手，这时可利用捯手技术将内接手变为外接手。

总之，太极开门手虽为实战技法，但实质仍是螺旋缠丝。五种组合缠丝手是对太极拳招式的起手式进行的归纳和提炼，是一种根据招式的规律和共性特点而形成的独特练功方法。

第一节 双缠手

一、功法简述

双缠手是双手同时、同向、同步走托盘圈的缠丝手法，主要练的是掤、捋、挤、按四正劲。平时训练的步法可用马步或三七步，但在实战时要用三七步，移动起来更加灵活。双手也要偏上收紧一些，前手在上护住上身和头部，后手在下护住身体中线和下身，形成防守门户。这是一种顺步开门架，即顺步开门手。

二、基本动作

动作一：预备式

左式双缠手以马步为例，假设敌在左前约45°方向。左手在前稍靠上，右手在后稍靠下，左脚在前，右脚在后，做好接手拦防的准备。右手以拜佛手式立在胸前，对准身体纵向中心线。

左手在上防护上身和头部，左肘护左肋，右手在下，护住中线及下身，右肘护右肋。若站三七步，左脚在前，右腿在后，重心落于后腿。（图44）

图44中的预备式是双缠手的起手式，以马步为例，双手位置较低，是为了对照说明双手在托盘圈上所处的位置，与实战的开门架略有不同。在太极拳中有很多拳式都以双缠手起手，其中最有代表性的拳式是金刚捣碓。

图44

动作二：左手出手抱月牙，右手出手走线板

左手出手抱月牙是走反托盘圈，右手出手走线板是走正托盘圈，双手均是出手转托盘。两手缠丝圈稍稍错开，左手为逆缠，右手为顺缠，同步、同向走左上弧。双手走到各自缠丝圈的顶点，右手为主，左手为辅，右腕对准身体中心线。同时重心向左前移，偏于左脚，两脚左实右虚。

这个动作是当对方出右拳时，我先要出掤手向前迎接，腰腿均要与手臂配合，速度要快，要轻灵。左顺步接手是接对方的右拳，实战时向左前上步，从对手的外侧接手，左手是接肘动作，右手是接腕动作。（图45）

图45

动作三：定腕盘肘

接动作二，右手黏住对方腕部逆缠，左手黏住对方肘部顺缠，左、右手同时定腕盘肘，身体右转，由掤变挤。定腕盘肘与动作二要形成连贯动作，稍掤便捋，不能完全接实，用两三分力黏住即转。

定腕盘肘以右手为主，训练接触点的转换，转换时要有掤挤劲。左手作为辅助手，配合主手控制住对方肘部。转是为了换劲，换劲后使我处于我顺人背的状态。

定腕盘肘要转换重心，动作二重心虽然左移，但后腿有蹬劲，随着定腕盘肘，身体继续右转，右腿逐渐变空。既便于移动右腿，也是给对方腾地方（即空出对方摔倒的地方）。随着身体右转，主手要从右手变为左手，左手对准身体纵向中心线，劲也要在转的同时由掤变挤。（图46）

动作四：左手走线板，右手抱月牙

此动作是两臂收肘走右弧，两肘收于两肋旁，身体右转，重心仍在左脚，以肘护肋，肘与胯合住劲。

动作三在两肘调转方向的同时，已由右手对中线变为左手对中线了，主手变为左手。这时劲由挤变捋，左手逆缠收肘走线板，右手顺缠收肘抱月牙，以肩带肘，以肘领手，双手沿右弧转身后捋。（图47）

动作五：定肘盘手

双手以肘为轴，从右向左同时走下弧，身向左转，调整重心回到预备式拜佛手。走下弧

图46

图47

是按劲，注意与上一动作的连贯性，由捋变按是边捋边加按劲，直到完成捋按转换。

在做定肘盘手时，主辅手要转换，由以左手为主变为以右手为主，右手对准身体中线，辅助手则由右手变为左手。注意命门后撑，重心不丢。（图48）

如要收势可将身体调整到预备式姿势。以上是左顺步双缠手缠丝圈，右顺步双缠手可以左步为参照，在此只以图示列出，不再详述。（图49）

图48

动作一 　　动作二 　　动作三

动作四

图49　马步右双缠手

三、劲法浅析

双缠手的劲法是针对主手而言，主手是变化的，有时是左手，有时是右手，实际运用时要视具体情况而定。下面仍以左顺步双缠手正托盘圈为例进行解析。

（一）掤劲

当对方打出右顺步直拳时，我以外接手法拦防其右拳。我右手掌心向内以掌根接其腕，出手走线板；左手掌心向外以掌根接其肘，出手抱月牙。双手黏住对方腕肘两点向前斜上方掤。左手出手抱月牙，控制住对方右肘，与右手同步走掤劲。走掤劲时先要听劲（问劲），即听对方手肘两点的劲。当感觉到两点顶劲时，双手要向上走，在顶抗点的上边缘，贴着顶抗点，黏住对方腕肘向斜上方发动。受这种劲的影响，对方会失去重心向后仰，这就是掤劲的效果。如果对方是右肘顶劲，我左手就变，如果对方是右腕顶劲，我右手就变。这就是"左重则左轻，右重则右杳"的道理。当我用掤劲听劲（问劲）时，如果与对方的劲顶上，我若继续前掤就不是掤劲了，而变成了顶抗劲。我若利用螺旋缠丝将顶抗点旋开，贴着顶抗点的上边缘走劲，这种劲才是掤劲。

（二）挤劲

动作三用的是挤劲。以右手为主定腕盘肘，右手翻转由手背的上掤变为翻掌的侧挤劲，随着右腕挤转，就变为挤。动作二是掤劲，随着向斜上方走弧，右手背的顶劲会同时加重，这时就要由上掤变向右的横向侧挤，侧挤可改变上掤的顶劲，防止掤劲太过。在推手练习时，对方也会控制我的手肘，我右手出手走线板，合肘走化肘部的顶劲，同时掤住腕部的力点，腕实肘虚，这就是掤劲走出的手肘阴阳变化。

（三）将劲

动作四用的是将劲。在将的过程中，右手渐轻，左手渐重，主手要从右手换到左手。换手后左手为主手，收肘走线板，主劲是捋，左手逆缠，沿右弧下捋。手从上向右下捋，肘则改变方向从右向左下收。这是手肘的虚实转换，随着下捋渐出按势。如果左肘不向左下收，则仍以右手为主向右下捋。左肘收与不收，捋劲会有不同的变化，两种捋法的区别还需细心体会。

（四）按劲

动作五用的是以左手为主的按劲。左手走右下弧的按是捋按，按是主劲，按住力点定肘盘手，完成由捋变按的转换。右手随左手同步同向走缠丝圈，劲法相同，并随着下按回到拜佛手，由辅助手变为主手。

上述四种劲是一个完整的缠丝圈，不仅走出了太极拳的四正劲，而且走出了掤、挤、捋、按四种劲的转换。每种劲的转换并不是简单的交换，而是有过渡、有叠加的。由此可见，双缠手中的缠丝劲是综合劲法，一种劲出现，另一种劲马上就会叠加进来，而且向叠加进来的劲转换，叠加转换的精妙之处，是在对手接到我的劲时，我劲已经变了。这就是"彼不动，己不动；彼微动，己先动"的道理。

四、用法举例

太极缠丝手的实用技法是从接手的角度进行说明，而接手又分内接手和外接手，下面就对双缠手的实用技法举例说明。

（一）外接手

1. 顺步掤捋

双缠手的外接手采用顺三七步，接对方同侧出拳之手。如对方以右顺步直拳击我中路，我左脚要向左前方斜跨步，右脚跟步，左脚落在对方右腿的外侧，同时以双缠手接手。接手要用掌根或手腕，避开对方的拳锋，从对方出拳手的外侧接手。前手接肘，后手接腕，双手同时接，形成双重拦防。接手后，顺势右转身，双手向右后捋。捋时身体不要向后移，要以脊柱为轴右转，转着捋，要保持自身构架的稳定。同时，左侧肩、肘、腰、胯、膝、踝要掤住对方，不使对方进我圈内，将对方沿着缠丝圈的外沿捋出。

由掤变捋需要走一小圈，在这个小圈中有挤劲，挤是在掤捋之间的劲，本例是挤不发劲时掤和捋的配合。

2. 回身按挤

若以掤捋为引化并蓄劲，紧接着回身按挤发劲，就是防守反击的技法。回身按挤是与掤捋的连贯动作，步法不变。掤捋作为引化，随着身体右转，掤捋劲渐松，左侧的挤劲加重，便借着挤劲迅速回转身向左按。按挤时，双手仍要控制对方右臂，左手控制对方右肘弯，右手控制对方右腕，双手随身体左转同时右按左挤，将对方发出。掤捋和按挤是一个缠丝圈上的两种技法，掤捋可组合发劲，如不发劲便可顺势转变为按挤，如果用左肩、肘发劲即左肩、肘的肘靠劲。

（二）内接手

如对方的右顺步直拳被我左顺步双缠手防住时，紧接着出左拳连续攻击。这时，我步法不变，松开对方右臂，双手从对方左臂内侧接手拦防。右手接腕，左手接肘。但左手要从对方左肘内下插接手，从外侧勾住其肘，与右手合劲，控制住对方左臂。接手后有以下两种变化。

1. 拿臂摔

当对方继续击出左拳时已变为拗步，我则通过内接手拦防，控制住对方的拗步拳架。这时，我左腿前弓，控制住对方右腿外侧，左手扣住对方左肘，右手拿住对方左腕，与左腿合劲，身体左转，手臂和腿形成剪刀力，将对方摔出。双缠手的内接拿臂摔很像中国式摔跤的挤桩技法。

2. 按採摔

如果在内接手后不使用拿臂摔的技法，而使用按採法。这时，我左脚勾住对方右脚外侧，右手松开对方左腕，迅速按住对方左上臂，双手抓住对方左臂向左前下方按，与左脚形成剪刀力。同时用肩肘靠击对方，使对方右脚不能动，被我挤靠而后仰跌倒。双缠手的按採摔很像中国式摔跤的搓窝技法。

双缠手内外接手的配合运用，可有效防御对方的连续攻击。但需要注意的是，在实际运用时要注意步法和出手的变化。顺步的技法在拗步时无法使用，同侧接手技法在接异侧手时同样无法使用。这需要在实战中去捕捉或者创造机会，赶上合适的步眼，捕捉到合适的机会，技法才会有效。比如，当我站好顺步欲接对方顺步拳时，对方恰是拗步。这时，我可退一步，诱使对方上前一步变为顺步。又如，我欲接对方同侧手，对方恰出异侧手。这时，可先躲闪此拳，空一下节奏，等待对方出同侧拳时，就可以用顺步接手了。

组合缠丝手要单练，这是基本功的训练。一种缠丝手做100个大约需要2.5分钟，左右都练，大约需要5分钟。五种缠丝手都做一遍需要25～30分钟。练组合缠丝手比直接练套路效果要好，有利于强化缠丝手的记忆，形成自然反应，出手就有，是一种比较接近实战的练法。

第二节　太极缠手

一、功法简述

太极缠手又叫十字缠手，简称太极手或十字手。太极手是双手交叉缠绕的缠丝圈，从十字手起手，一手走正托盘圈，另一手走反托盘圈。在太极拳中有许多以太极手起手的拳式，其中最有代表性的拳式是懒扎衣。

二、基本动作

动作一：预备式

立身中正，呼吸自然，马步站立，双手十字交叉护在胸前。左手在外，右手在内，准备右转缠丝。如果是左转缠丝则是右手在外，左手在内。（图50）

图50

动作二：左手收肘走线板，右手出手走线板

丹田先顺时针旋转一小圈，带动左手，转到缠丝圈的上顶点，从上顶点收肘走线板，自上而下走右弧。左肘收于左肋旁，肘尖与左肋保持约一拳距离，与左胯合，护住腹部及裆部。同时，右手出手走线板，自下而上走左弧，走到上顶点。右肘向内合住，手心向上，右腕对准身体中线，两手手背相对。身体随之左转，面向左前方，斜向约45°角。（图51）

图51

动作三：左手定肘盘手，右手定腕盘肘

左手在下向左定肘盘手，向左走下弧，左手走到缠丝圈的左下方。右手在上向右定腕盘肘，肘从左上弧转到右上弧，右手在缠丝圈的右上方。双手对开，开胸合背，身体微向右转，面向前方，重心仍在左腿。（图52）

图52

动作四：左手出手抱月牙，右手收肘抱月牙

左手沿左弧向上出手抱月牙，同时，右手沿右弧向下收肘抱月牙，身体继续右转，面向右前方，重心移到左腿，右腿变虚。身体右转时以腰胯带手，双手合劲，手心向外，手背相对。（图53）

图53

动作五：左手定腕盘肘收肘走线板，右手定肘盘手

左手向右定腕盘肘，紧接着沿右弧收肘走线板。右手向左走下弧定肘盘手。左手要比右手稍快些，以便右手从左肘弯处穿过，身体左转回正，双手交叉，回到预备式的马步十字手。（图54）

图54

单独练太极手时，双手需要反复盘转，每盘一圈都要左手先动，然后右手再从左肘弯穿出。左手先出是拦防，右手随后穿出是攻击。

以上是右转身太极手的基本动作。左转身太极手动作方向相反，可以参照右转身太极手的动作，在此只列出图示，不再详述。（图55）

图55　左转身太极手

三、劲法浅析

太极手在实际运用时，要以三七步站立，双手十字交叉护于胸前，前手防上，后手防下，做好接手准备。

（一）左捋右掤

左捋右掤是动作二的劲法。左手为防，右手为攻。左手接手后，向右定腕盘肘，紧接着收肘走线板，沿右弧下捋，身体先微向右转，紧接着再顺势左转。同时，右手以大拇指背面领劲出手走线板，走左弧，边走边缠边上掤。左捋是左以外接手缠接对方右直拳，紧接着下捋，同时右手出手走线板，控制对方右侧颈部，掌根压其颈动脉，还可实施太极手的右转身摔。注意，左手是收肘走线板接走定肘盘手，所以左捋要渐捋渐带按劲。右手是出手走线板接走定腕盘肘，所以右掤要渐掤渐挤。

（二）右挤左按

右挤左按是动作三的劲法。右手定腕盘肘由上掤变横挤，左手定肘盘手由捋变按。身体右转，两手手心朝外，对开逆缠。对开是为了黏住上下两个力点，劲不能过，用两三分劲缠住即可。整个动作要以腰胯拧转带动手肘，右手定腕，左手定肘，双手合劲旋转缠丝。

（三）左掤右捋

左掤右捋是动作四的劲法。左手出手抱月牙是下按变上掤，右手收肘抱月牙是横挤变下捋，两手对开手心向外顺时针旋转缠丝。身体右转，面向右侧，重心落于左脚，右脚变虚。如抬右脚踢、绊，则变成与右手形成剪刀力的踢、摔技法。

（四）左挤右按

左挤右按是动作五的劲法。左手先顺缠定腕盘肘，走右横挤。右手定肘盘手，走左下按。定腕盘肘的左肘和定肘盘手的右手同时向身体中心线合劲。左手在上向右合，右手在下向左合，形成剪刀力。两手合劲时，身体同时左转合劲。然后左手沿右弧继续下缠，收肘走线板，右手从左肘弯处穿过，回到十字手的预备式。

四、用法举例

（一）外接手

以懒扎衣的前半式为例说明太极手外接手的用法。懒扎衣前半式是先出左手，以外接手拦防对方右拳攻击，黏住对方右臂顺势缠绕，左臂从对方右腋下插过，并从后面回缠，左手合在左耳旁，捆住对方右肩。同时，右手从左肘弯处穿到对方颈部右侧，压住颈动脉，控制对方头部。左手锁肩，右手控头，完成了缠拿。紧接着，以腰带手，身体右转，双手合劲右转将按，将对方摔倒。同时，还可用右脚加绊配合，起脚绊对方的脚踝。这一实用技法就是懒扎衣经典的锁肩摔。这种外接手缠臂锁肩的技法平时要多练，只有熟练掌握后才能够实际应用。

（二）内接手

以懒扎衣的后半式为例来说明太极手内接手的用法。懒扎衣的后半式是右式，如站左三七步，须在右手接手时，右脚同时上步，变为右顺步。当对方出左直拳或摆拳时，我出右手从对方左手内侧拦防，并顺势缠其左臂向左下捋，同时出左手，接其左腕。这是个捯手技法，即将我右手缠拿的对方手臂换到左手接住，腾出右手继续攻击。通过捯手转到对方外侧，形成我顺人背之势。右手腾出后从对方左腋下穿过，横在对方胸前，走定腕盘肘向右挤劲。同时，右腿控制对方左腿外侧，身体右转，上下合劲，用懒扎衣招式将对方摔倒。

内接手是懒扎衣本式的用法，但先要以太极手接手进身，打开对方门户，才能运用懒扎衣本式实施攻击。

（三）捯手

懒扎衣的内接手运用了捯手技法，而捯手是一种实用的换手技法。捯手技法也分内接捯手和外接捯手。内接捯手是从内侧接手的捯手方法，捯手后使我从对方手臂内侧转移到对方手臂外侧。外接捯手与内接捯手相反，是从对方手臂外侧转移至对方手臂内侧的方法。捯手技法增加了接手的变化，内外接手可相互转换，使招式运用更加灵活有效。

第三节　内圈缠手

一、功法简述

内圈缠手是两手交替转反托盘圈的缠丝手法，因手臂旋转到缠丝圈的上端是由外向内缠绕，因此叫内圈缠手，简称内圈手。两手交替向内合手是交替拦防的动作，用来防御对手的连续进攻。内圈手的代表拳式是斜行。斜行式较为简单，没有起手和本式之分，故斜行的本式即内圈手。

二、基本动作

动作一：预备式

以左三七步为例，左脚在前，右脚在后，左手在前稍靠上，防护上身和头部，右手在后稍靠下，以拜佛手式立于胸前，护住中线及下身，肘与肋合，以肘护肋，做好接手准备。（图56）

图56

图57

动作二：左手定腕盘肘，右手定肘盘手

左手先出手，沿左弧走到身体正前方，高不过眉，手腕对准身体中线，做定腕盘肘。同时右手向右做定肘盘手。左手防上，右手防下，身体右转，左肘内合，右肘与右胯合，重心向左前移。（图57）

动作三：左手走线板，右手抱月牙

左手收肘沿右弧走线板，右手沿右弧出手抱月牙，左手向下、右手向上同时反向走右弧，两手位置交换。右手在上，手腕对准身体中线，左肘与左胯合。两脚内扣，两膝相合。（图58）

图58

图59

动作四：右手定腕盘肘，左手定肘盘手

左手走下弧向左定肘盘手，右手向左合肘，同时定腕盘肘。以腰带手，身体左转，右腕保持与身体中心线相对，重心右移坐于后腿。（图59）

第一部分 陈氏太极拳功法精要

99

动作五：左手抱月牙，右手走线板

左手沿左弧向上出手抱月牙，走到身体正前方，高不过眉，手腕对准中线。右手沿左弧向下收肘走线板，右肘收于右肋旁与右胯合住劲，重心向左前移，身体微向右转。（图60）

图60

动作六：收势

左手向下收，重心后移，回到预备式。（图61）

图61

以上是左顺步内圈手的基本动作。右顺步内圈手动作与左顺步仅步法不同，在此只列出图示，不再详述。（图62）

动作一

动作二

预备式

动作三

动作四

图62 右顺步内圈手

三、劲法浅析

内圈手是两手交替走反托盘圈，其中有两个组合动作，一组是左右两侧的弧线交换动作，另一组是上下定点的盘转。弧线交换是两手在一侧，一出一收交换位置。出手为掤劲，收手为捋劲。掤时要加挤劲，捋时要加按劲。定腕盘肘是挤劲，定肘盘手是按劲，上挤下按要以腰胯带手同时完成。

内圈手旋转一周是一个完整动作，出手是接手，收手是引化。在实际运用时，各种劲是综合运用的，分开讲述是为了将动作分解细化，便于区分和理解。另外，太极拳的接手不是生硬格挡，接手要轻，只用两三分劲，以粘黏连随之法听劲试劲，要顺劲接手，遇顶即转。内圈手的基本组合劲有掤挤捋和捋按掤两种，掤挤捋是出手再收的组合劲，捋按掤是收手再出的组合劲。这两种组合连在一起练就是一个完整的缠丝圈。组合劲的变化全凭感觉，这种感觉必须经过长期刻苦训练才会有，"然非用功之久，不能豁然贯通焉"（王宗岳《太极拳论》）。

在内圈手的一圈当中，有两个拦防动作，一个是防上，另一个是防下。内圈手的上半圈用来防上，即防腰部以上，包括头部的身体部位；下半圈防下，即防腰部以下的身体部位。平时练内圈手时，要有假想敌，树立攻防意识，无人似有人。走上半圈时，要有针对自己面部、咽喉、胸口等部位被攻击时的防护意识；走下半圈时，要有针对自己肋、裆、膝等部位被攻击时的防护意识。带着真实感去练，出手不空，训练效果更佳。

在斜行拗步拳式中，斜行走的是内圈手的上半圈，是防上；搂膝拗步的搂膝走的是内圈手的下半圈，是防下。用左手接手时，出手要向右后方捋，重心向左前移。用右手接手时，出手要向左后捋，重心向右前移。若对方连续出拳，我则用左右手连续交替做内圈手进行拦防。单独练内圈手时，一只手要多缠几圈再换手，这就是缠手。练缠手，接手力度要恰到好处，不能硬挡、硬磕，要接手即缠，黏住对方，控制住劲路，让对方跑不掉，要练出粘黏连随的功夫。

四、用法举例

（一）外接手

1. 缠手

外接手缠手是内圈手的防守技法之一，分缠腕和缠臂两种，缠腕是缠绕对方手腕的缠丝法，缠臂是从对方手腕向其肘部缠绕的缠丝法。缠劲要走在对方的皮骨之间，要不丢不顶。缠手练的是捆劲，是练粘黏连随的功夫。

2. 缠臂锁肩摔

以右手为例，外接对方左手，内缠下插，从对方腋下向后缠其左肩，并用右臂锁住。同时，右腿伸到对方左腿内侧别住对方左腿，右胯紧贴对方身体，左手顺势缠住对方右腕或右肘，紧接着长腰左转，将对方摔倒。这种摔法叫缠臂锁肩摔，用的是外接内缠的方法，这种摔法是陈氏太极拳经典的斜行摔。

（二）内接手

1. 缠手

内接手也有缠手，就是异侧出手的缠手，与外接手缠手作用相同，但缠绕方向相反，同样是练粘黏连随的功夫。

2. 缠臂拿

缠臂拿用内接手，当对方右手抓住我胸部或衣领时，我身体左转，用右手向其面部虚晃，这时如果对方再出左手，我便顺势缠绕其右臂，缠到其右臂外侧继续下压，将其右臂压弯，并顺势向右回转身内缠，对方右臂就会被反关节控制，动弹不得。缠臂拿虽是拿法，同时也是解拿之法，正是由于对方先抓我衣领，我才以此法反制。

在运用缠臂拿技法时，如果对方的手臂跑了，我要继续缠，手掌顺势找对方下颌，用掌根向上托，左手迅速勾住对方后腰，辅助右手，双手合劲，对方必向后仰而跌倒。这是拿摔结合的组合用法。

第四节　外圈缠手

一、功法简述

外圈缠手是两手交替转正托盘圈的缠丝手法，因手臂旋转到缠丝圈的上端是由内向外缠绕，因此叫外圈缠手，简称外圈手。两手交替向外缠是交替拦防的动作，用来防御对手的连续进攻。外圈手的代表拳式是云手。云手没有起手和本式之分，故云手的本式即外圈手。

二、基本动作

动作一：预备式

以左三七步为例，左脚在前，右脚在后，左手在前稍靠上，防护上身和头部，右手在后稍靠下，以拜佛手式立于胸前，护住中线及下身，肘与肋合，以肘护肋，做好接手准备。（图63）

图63

动作二：右手走线板，左手抱月牙

右手沿左上弧出手走线板，左手沿左下弧收肘抱月牙，右手向上，左手向下，同时走左弧，两手位置交换。身体左转，右腕对准身体中线，左肘与左胯相合。两脚内扣，两膝相合。（图64）

图64

动作三：右手定腕盘肘，左手定肘盘手

右手在上向右定腕盘肘，左手在下向右定肘盘手。身体右转，以腰带手，两手同时向右盘转，重心移到右腿。右手盘肘时手腕随身体右转始终保持对准身体中线。（图65）

图65

图66

动作四：左手走线板，右手抱月牙

左手沿右弧出手走线板，右手同时沿右弧收肘抱月牙。两手位置上下交换，左腕对准身体中线。以腰带手，身体右转，两膝相合。（图66）

动作五：左手定腕盘肘，右手定肘盘手

左手在上向左定腕盘肘，右手在下向左定肘盘手。以腰带手，身体左转，两膝相合。（图67）

图67

动作六：收势

左手沿左弧收肘抱月牙，右手回正，对准身体中线，回到预备式。（图68）

图68

以上是左顺步外圈手的基本动作。右顺步外圈手动作与左顺步仅步法不同，在此只列出图示，不再详述。（图69）

预备式　动作一　动作二　动作三　动作四

图69　右顺步外圈手

三、劲法浅析

外圈手是两手交替走正托盘圈，其中有两个组合动作，一组是左右两侧的弧线交换动作，另一组是上下点的原地盘转。弧线交换是两手在一侧，一出一收交换位置。出手为掤劲，收手为捋劲。掤时要加挤劲，捋时要加按劲。定腕盘肘是挤劲，定肘盘手是按劲，上挤下按要以腰胯带手同时完成。外圈手与内圈手走圈的方向是相反的，内圈手是向内盘，外圈手是向外盘。

四、用法举例

（一）外接手

外圈手的代表拳式是云手。在实际应用时是用后手接手，接异侧手，即采用左步时用右手接对方右手，采用右步时用左手接对方左手。比如，采用左步接对方右顺步直拳，我以右手接对方右腕外侧，并顺势右捋，右捋时身体右转，左手顺势从对方右臂腋下前插，左臂横在对方胸前。同时，左腿向前跨步，落在对方右脚外侧，贴住对方右腿。紧接着身体左转，左手做定腕盘肘，挤住对方胸部，右手走定肘盘手按住对方腕部，上下合劲控制住对方。这时，如果左臂与左腿合劲，可将对方摔倒。如果用左臂肩肘横向发劲，也可用肘靠劲将对方发出。当右手接手后，左手向左云手，左腿配合左手向左盘转，这就要求下盘磨盘桩的功夫过硬。

（二）内接手

在用内接手拦防时欲使用云手技法，就需要利用捯手技术将内接手转换为外接手。如果是前手内接拦防，步法不动，直接捯手，利用前手的缠绕，将对方手臂捯到后手接住，使我身体转到对方身体外侧，还原成外接手状态，再以云手之法制敌。如果是后手内接拦防，后腿则要在手臂缠绕捯手的同时向前跨步，换到前边变为顺步，便可使用顺步技法。

由此可见，云手的运用是非常灵活的，无论是内接手还是外接手，无论是顺步还是拗步，都可以通过转换形成我顺人背之势，从而达到克敌制胜的目的。

（三）缠手

缠手是单手螺旋缠丝的技法，要领与内圈手相同，但缠绕方向与内圈手相反。一只手缠绕对方手臂，不丢不顶，粘黏连随，随曲就伸，都是对缠手的要求。缠手并不是云手特有的技法，而是太极拳最基本的缠丝法，是一种基本功，诸多功法和拳式之中都有，是太极拳接手的实用技法之一，练的是接手就有粘黏连随的功夫。泓生先生说:"平时打拳,重点拳式起手要多缠几圈再住下走,这是套路的灵活练法。打一套拳,每个拳式只能打一两遍或两三遍,若效果不好,重点拳式多盘几圈,最好把式子摘出来单练,效果更好。"

第五节　开合缠手

一、功法简述

开合缠手是两手在走缠丝圈时同时出或同时收,并且同时向外或同时向内缠绕,两手同步开合,简称开合手。左右手缠丝圈内侧相贴,亦可有交叉。开合手多用于贴身近战,以缠拿为主,代表拳式是六封四闭。

二、基本动作

动作一:预备式

以左三七步为例,左脚在前,右脚在后,左手在前稍靠上,防护上身和头部,右手在后稍靠下,以拜佛手式立于胸前,护住中线及下身。肘与肋合,以肘护肋,做好接手准备。(图70)

图70

动作二：双手走线板

双手同时出手顺缠走线板，合肘向前上方穿掌，掌心向上，高与下颌平，重心前移，前腿膝不过脚尖，两膝相合，后腿蹬地支撑。（图71）

图71

动作三：双手定腕盘肘

双手逆缠分别向两侧定腕盘肘，双手托盘翻手，两臂外掤变为抱月牙，合胸开背，命门后撑，后腿蹬地支撑。（图72）

图72

动作四：双手抱月牙

双手同时顺缠收肘抱月牙，以腰胯带手，前胯内折，重心后移，后腿坐住，双手同时向后下方走捋劲。（图73）

图73

动作五：双手定肘盘手

双手顺缠同时向内定肘盘手，重心前移，手心向上，合劲前挤。（图74）

图74

图75

动作六：双手走线板

动作六与动作二相同。（图75）

动作七：双盘肘

双手逆缠转托盘，翻腕盘肘。双手向后翻转，转至两侧耳根处，手心向内，两肘同时前顶，手臂护住头部两侧；同时身体右转，重心左移，左侧肩、背与胯、膝、踝有左挤之意，右腿蹬地支撑。双盘肘与定腕盘肘很相似，只是双手要护头而不定腕。（图76）

图76

动作八：转身挤靠

身体继续右转，双肘外开，开胸合背，左侧肩、背与胯、膝、踝仍旧挤住，同时加肩、背、胯的靠劲。（图77）

图77

动作九：转身双按

身体左转，重心移至左腿，双掌坐腕顺势下按，按至左胯前，两掌呈90°角，后脚向前跟半步，脚尖虚点地；同时，用肩、背、胯挤靠。（图78）

图78

动作十：收势

后脚后撤半步，身体左转，重心移到后脚，双手顺缠，手心相对，出手上提，左高右低，护住中线，回到预备式。（图79）

图79

三、劲法浅析

开合手分为两段，第一段从动作一到动作六，劲法为四正手，即掤捋挤按四正劲；第二段从动作七到动作十，劲法为四隅手，即採挒肘靠四隅劲。开手又叫分手，是由内向外缠，分上缠和下缠。上缠以掤挤劲为主，下缠以捋按劲为主。合手是先开再合，即先向前上开，而后再向下合。开手是先合再开，与合手相反。用开手还是合手，要根据具体情况而定。开是为了合，合是为了开，由开变合，由合变开，相互转换，充分体现了太极阴阳相济的道理。

四隅手是在四正手擒拿法被破解时，侧转进身的连续招法。採法是掤按的组合发劲。欲下先上，先合肘上掤，对方刚要顺随，我突然短促下按，即採法。挒法是单手内接缠拿肘变捯手时的技法。例如，右手内接拿肘，感觉不能得手时，变为捯手，左手接对手左腕，右臂屈肘抵住对手肘弯外侧，同时身体左转，以腰带手，左手捋与右肘挤，手肘相合突然向左旋转发劲，此法为挒摔。肘靠之法则是侧转进身的肩背挤靠或肘击发劲的技法。

平时进行开合手的多次重复分组练习时可采用马步，可不用进退步，这样练动作连贯，速度较快，并能强化腰胯的锻炼，但在实际运用时还需站成三七步，这样比较灵活。动作二到动作六是退步，动作七到动作九是进步，一退一进，运用了听、化、拿、发的技击技术，体现出太极拳引进落空的技术特点。

四、用法举例

（一）内接手

1. 分手捋採

当双方两手相搭纠缠在一起时，我双手伺机同时出手走线板，从内侧接手，接手后同时向外分手，走定腕盘肘。出手走线板是双合手，定腕盘肘是双开手。一合一开便将对方两臂黏住，而后双手同时收肘抱月牙，走捋劲，可将对方捋出。注意，在走捋劲时双手要分虚实，两手的捋劲不同，可将对方捋向一侧，这样可避免我与对方身体正面相撞。如果是发劲就变採，发採劲时粘劲要加重些。捋劲和採劲是有区别的：捋劲偏横，劲稍长；採劲偏下，发劲短促。

2. 合手拿肘

接上式，如果不用捋採，可继续向内缠绕，双手从外侧控制住对方肘关节。这时，双手可上托合手成直臂拿，也可变单手转身侧挤，成屈臂拿。

（二）外接手

1. 压腕挑肘

当对方出直拳时，我双手出手走线板，并交叉成十字手拦防，接住对方之手后双分手。如果对方出左拳，我也出左手接，如果对方出右拳，我也出右手接，总之要通过接手转到对方外侧。接手后，另一只手迅速拿对方肘，双手合劲缠丝，使对方肘尖朝下。这时，一手托肘，一手压腕，迅速走出压腕挑肘的动作，对方被拿手臂像扁担一样被我挑起。这个技法叫二郎担山，是六封四闭经典的拿法。

2. 贴身挤靠

贴身挤靠是六封四闭的连续招法。当压腕挑肘之法被化解，我要用肩腰胯挤住对方，紧接着回身挤靠发劲。挤靠时可加肘击、胯靠、掌按等法，方法要灵活运用，随机而变。

第四章　太极拳推手

第一节　推手简述

太极拳推手又称打手，是双人徒手对练的一种运动形式。训练时，两人搭手，相互缠绕，并按照粘连黏随、不丢不顶、无过不及、随曲就伸的原则，运用掤捋挤按採挒肘靠之法，训练听劲化劲、虚实转换、借力发力的能力。推手分为单推手、双推手、定步推手、活步推手等。

一、推手训练的目的

（一）练习走劲

太极拳劲法有掤、捋、挤、按、採、挒、肘、靠八种劲法。其中四正推手是练掤捋挤按四正劲的推手方法，大捋是练採挒肘靠四隅劲的推手方法。通过推手训练，可对太极拳的八种劲有真实的体验和感受。

（二）训练粘连黏随的听劲技术

粘连黏随是对劲力控制的技法，训练把握劲路变化的能力。要求双方接手后，劲既不丢，也不顶，既不过，也无不及，做到动急则急应，动缓则缓随，根据对方劲力的变化而变化，并通过粘黏走化，变背为顺，掌握主动权。粘连黏随练的是受力后的反应，是练听劲。听不清就化不开，化不开就拿不住，拿不住就发不出，听化拿发全在对粘连黏随的运用。

（三）由模拟过渡到实战

推手是两人预先搭上手再开始，而实战是接手，预先是不搭手的。推手是两人按照一定的程式和方法进行的具有一定对抗性的运动，通过推手训练逐步向实战过渡。推手相比单独训练又进了一步，平时单独训练的假想敌变成了真实的对手，由模拟变为真实的对抗。通过推手训练，可以真实地感受太极拳掤捋挤按採挒肘靠八种劲的效果，训练粘连黏随、不丢不顶的能力。训练要从最基本的四正劲推手开始，再到四隅劲的大捋推手，从单推、双推再到散推（乱踩花），逐渐培养实战能力。推手训练既是对单独训练成果的检验，也是从单独训练到实战的过渡。

二、推手的解析

托盘圈是太极功法最基本的缠丝圈，其他功法动作均以此为参照，推手也不例外，仍可以以托盘圈的基本手法为参照进行解析，并说明走线板、抱月牙和定腕盘肘、定肘盘手（即两弧两点）等技法在推手中的运用，列举其中的虚实关系和相互转换的技法，用以说明弧线走化和定点转换在推手中的运用及作用。需要指出的是，虽然以托盘圈为参照进行推手解析，但实际上是训练"三转一提拉"整体功法构架，从而提高各种功法综合运用和整体协调的能力。

第二节 单推手

本节分别介绍顺步正、反圈两种单推手，这两种单推手是训练四正劲，即掤、捋、挤、按四种劲的方法。

一、顺步正圈单推手

所谓正圈，是按照正托盘圈走圈的方向，走出手走线板和收肘抱月牙的顺缠丝圈。

动作一：预备式

以右顺步平圈单推手为例。甲乙双方面对面站立，双手握拳向前平伸，以拳面相接为准。两人右脚各向前半步，前脚掌处在同一条横线上，前脚的距离约一拳，站成右三七步。右手伸出，手背腕部相搭，轻轻粘住，手与肩平，不可过于用力，左手自然下垂或插腰。立身中正，呼吸自然。

动作二：甲掤乙捋

1. 甲掤

甲先出手走线板，走左弧，粘住乙手腕向上顺缠，像推轮子一样搓捻乙手腕，并贴着乙手腕向前走掤劲，将乙手腕缠起。要点如下。

（1）甲要用出手走线板走掤劲。

甲要想掤起乙手腕，要用出手走线板的技法，利用顺缠使乙手腕受到向上搓捻的劲，受到这种搓捻劲的影响，乙手腕会向上抬起，这种劲就是掤劲。顺缠时，手腕要边向前试劲边缠丝，既不能顶，也不能丢。顶了，就是比力量了，力大者胜；丢了，对方的劲就跑了，掤劲就不灵了。

（2）要对准乙的中线发劲。

甲搓捻乙手腕，接触点是在乙手腕的上边，而甲的接触点则是从手腕向下移动的，这时甲是不能顺着搓捻的方向发劲的，而要对准乙手腕的下方发劲。搓捻不是掤，而是为了使乙手臂产生一个向上的势，并借这个势，用前臂而不是手腕对准乙手腕下方发劲，拔乙之根，这才是掤劲。要沉着发劲，接触点要随着搓捻变，不仅避开了接触点的顶劲，还要使乙形成背势。这种进攻方式既省劲又巧妙。另外，还要找准乙的身体中线，如果没有对准中线，劲就会走偏，容易被乙捋化。

2. 乙捋

乙捋收肘抱月牙。当甲出手走线板顺缠走左弧，欲将乙手掤起时，乙不能硬顶，手背先跟着甲手腕翻转，使甲的搓捻劲着不上力，手掌推不着乙，发不出掤劲，紧接着顺缠走右弧，收肘抱月牙，以捋劲化解甲的掤劲。要点如下。

（1）乙要用收肘抱月牙走将劲。

甲出手走线板以掤劲进攻，乙需要收肘抱月牙走将劲化解甲的掤劲。甲掤是实，属阳；乙将是虚，属阴。乙抱月牙以将破掤，是以阴化阳，不与甲顶抗，将计就计，顺势走化，变被动为主动，守中带攻，反使甲的掤劲落空。乙抱月牙的将劲体现出以虚避实、以柔克刚的巧妙应变。

（2）乙要借劲将。

借劲要借势，乙要借甲掤的惯性将。要顺势走劲，可轻轻随劲，但不能硬拽。在借劲的同时，要通过抱月牙的外弧，使甲的掤劲改变方向而失去作用。

动作三：乙将甲挤

乙将收肘抱月牙，甲要定腕盘肘由掤变挤。

动作二乙以将破甲掤，这时甲的主动进攻变为了被动，甲就不能再继续掤了，要立即松掉掤劲，稳住身体重心，手背粘住乙手腕，转腕翻掌，逆缠定腕盘肘，由掤变挤来破乙的将，改变被动局面。要点如下。

（1）甲要用定腕盘肘走挤劲。

甲掤，乙将，甲掤走空，及时变挤。你变我也变，这就是甲乙双方阴阳互变的博弈过程，双方都要随机应变，看谁能占得主动，抢占先机。甲掤已被乙将化解，如果继续掤，势必会被乙将所制。甲需要定腕盘肘，将向上的掤变为侧挤，破乙之将。

（2）甲掤挤转换要顺随。

太极推手要求避免顶抗，力求顺随，在螺旋缠丝运动中求变化。初练推手往往听不出劲，跟不上对方的变化。平时训练动作可慢一些，先把掤挤劲分清，随着熟练程度的提高速度可逐渐加快，僵劲去掉了，劲力转换也会顺随。

动作四：甲挤乙按

甲挤用定腕盘肘，乙按要用定肘盘手由将变按。

动作三甲以挤破乙将，这时乙不能继续将，要稳住身体重心，手腕要跟着甲转，粘住甲的挤劲，向左继续顺缠走下弧，定肘盘手，由将变按破甲的挤劲。甲以挤破乙将，走的是定腕盘肘，乙要破甲的挤，要走定肘盘手。如果甲挤劲过大，就会失去重心，顺乙的按劲跌出。当甲变掤为挤时，乙就变将为按，仍是以虚破实、以柔克刚，使甲的挤劲落空。要点如下。

（1）乙要用定肘盘手走按劲。

甲定腕盘肘是逆缠，目的是由掤变挤继续进攻，乙则要顺缠定肘盘手，粘住甲手腕向左走下弧，走出按劲破甲的挤劲。甲挤是横劲，乙则利用定肘盘手产生向左下的按劲控制住甲的手腕，使甲的横劲落空，使挤劲难以施展。

（2）捋按转换要顺随。

乙由捋变按的转换要顺随，关键在跟劲。所谓跟劲就是利用粘连黏随跟住对方，既不能丢也不能顶，不能跟过，也不能被甩掉。转换时劲不能断，"勿使有凹凸处，勿使有断续处"，边走边转换，乙劲越顺随，甲就越不易察觉。

动作五：乙掤甲捋

前面四个动作完成了顺步正圈单推手的半个圈，是甲掤乙捋，甲挤乙按，从动作五开始，走单推手的后半圈，变为乙掤甲捋，乙挤甲按。要点与前述相同，只甲、乙互换，故不再重复。

1. 乙掤

乙接动作四的按不发劲，粘住甲手顺缠走左弧，出手走线板，像推轮子一样搓捻甲手腕，将甲手腕缠起，并贴着甲手腕下沿继续向前缠，将甲手臂向上掤。

2. 甲捋

甲捋是收肘抱月牙。当乙出手走线板顺缠走左弧，欲将甲手掤起时，甲不能硬顶，手背先跟着乙手腕翻转，使乙的搓捻劲着不上力，手掌推不着甲，发不出掤劲，紧接着顺缠走右弧，收肘抱月牙，以捋劲化解乙的掤劲。

动作六：甲捋乙挤

甲捋用收肘抱月牙，乙挤用定腕盘手。

动作五甲以捋破乙掤，这时乙的主动进攻变为了被动，乙就不能再继续掤了，手背粘住甲手腕，逆缠定腕盘肘，由掤变挤来破甲的捋，改变被动局面。当感觉到甲的捋劲时，乙要立即松掉掤劲，稳住身体重心，转腕翻掌，由手背向掌心翻转，由前上掤变右挤破甲之捋。

动作七：乙挤甲按

乙挤用定腕盘肘，甲按用定肘盘手。

动作六乙以挤破甲捋，这时甲不能继续捋，要稳住身体重心，手腕要跟着乙转，粘住乙的挤劲，向左继续顺缠走下弧，定肘盘手，由捋变按破乙的挤劲。乙以挤破甲捋，走的是定腕盘肘，甲要破乙的挤，要走定肘盘手。如果乙挤劲过大，就会失去重心顺甲的按劲跌出。当乙变掤为挤时，甲就变捋为按，仍是以虚破实、以柔克刚，使乙的挤劲落空。

动作八：收势

甲乙双方如要结束单推手训练，应回到动作一预备式状态，然后收回前脚，回到原位仍保持一拳距离面对面站立收势。

二、顺步反圈单推手

所谓反圈，是按照反托盘圈走圈的方向，走出手抱月牙和收肘走线板的逆缠丝圈。

动作一：预备式

以右顺步平圈单推手为例。甲乙双方面对面站立，双手握拳向前平伸，以拳面相接为准。两人右脚各向前半步，前脚掌处在同一条横线上，前脚的距离约一拳，站成右三七步。右手伸出，手背腕部相搭，轻轻粘住，手与肩平，不可过于用力，左手自然下垂或插腰。立身中正，呼吸自然。

动作二：甲掤乙捋

1. 甲掤

甲先出手抱月牙，走右弧，粘住乙手腕向上逆缠，像推轮子一样搓捻乙手腕，将乙手腕缠起，并贴着乙手腕下沿向前发劲，欲以掤劲将乙发出。要点如下：

（1）甲要用出手抱月牙走掤劲。

甲要想让乙的手腕向上抬，要用出手抱月牙的技法，走逆缠丝圈，利用逆缠丝使乙手腕受到向上搓捻的劲，受到这种搓捻劲的影响，乙手腕会向上抬起，这种劲就是掤劲。逆缠时，手腕要边向前试劲边缠丝，既不能顶，也不能丢。

（2）要对准乙的中线发劲。

甲从乙手腕下方发劲是为了将乙之手向上掤，这样不仅避开了接触点的顶劲，还使乙形成背势。此时进攻既省劲又巧妙。另外，还要找准乙的身体中线，如果没有对准中线，劲就会走偏，容易被乙捋化。

2. 乙捋

乙捋用收肘走线板。当甲出手抱月牙逆缠走右弧，欲将乙手掤起时，乙不能硬顶，手背先跟着甲手腕翻转，使甲的搓捻劲用不上力，手掌推不着乙，发不出掤劲，紧接着逆缠走左弧，收肘走线板，以捋劲化解甲的掤劲。要点如下：

（1）乙要用收肘走线板走捋劲。

甲出手抱月牙以掤劲进攻，乙需要收肘走线板走捋劲化解甲的掤劲。甲掤是实，属阳，乙捋是虚，属阴。乙走线板以捋破掤，正是运用了阴阳变化的原理，不与甲顶抗，将计就计，顺势走化，变被动为主动，守中带攻，反使甲的掤劲落空。乙走线板的捋劲体现出以虚避实、以柔克刚的巧妙应变。

（2）乙要借劲捋。

借劲就是借势，乙要借甲掤的惯性捋。要顺势走劲，可轻轻随劲，但不能硬拽。在借劲的同时，要通过走线板的内弧，使甲的掤劲改变方向而失去作用。

动作三：乙捋甲挤

乙捋用收肘走线板，甲挤用定腕盘肘。

动作二乙以捋破甲掤，这时甲的主动进攻变为了被动，甲就不能再继续掤了，可用手背粘住乙手腕，顺缠定腕盘肘，由掤变挤来破乙的捋，改变被动局面。当感觉到乙的捋劲时，甲要立即松掉掤劲，稳住身体重心，右手顺缠转托盘，由掌心向手背翻转，由掤变挤破乙之捋。要点如下：

（1）甲要用定腕盘肘走挤劲。

甲掤，乙捋，甲掤走空，甲再变挤。你变我也变，这就是甲乙双方阴阳互变的博弈过程，双方都要随机应变，看谁能占得主动，抢占先机。甲掤已被乙捋化解，如果继续掤，势必会被乙捋所制。甲需要定腕盘肘，将向上的掤变为侧挤，破乙之捋。要注意正反托盘定腕盘肘时由掤变挤的区别：正托盘由掤变挤时，甲右手在外，顺缠转托盘圈，由掤变挤要顺着托盘圈旋转的方向走，通过定腕盘肘来完成挤劲。

（2）甲的掤挤转换要顺随。

太极推手要求避免顶抗，力求顺随，在螺旋缠丝运动中求变化。初练推手往往听不出劲，跟不上对方的变化。平时训练动作可慢一些，先把掤挤劲分清，随着熟练程度的提高速度可逐渐加快，僵劲逐渐去掉，劲力转换也会逐渐顺随。

动作四：甲挤乙按

甲挤用定腕盘肘，乙按用定肘盘手。

动作三甲以挤破乙捋，这时乙不能继续捋，要稳住身体重心，手腕要跟着甲转，粘住甲的挤劲，向右继续逆缠走下弧，定肘盘手，由捋变按破甲的挤劲。甲以挤破乙捋，走的是定腕盘肘，乙要破甲的挤，要走定肘盘手。如果甲挤劲过大，就会失去重心顺乙的按劲跌出。当甲变掤为挤时，乙就变捋为按，仍是以虚破实，以柔克刚，使甲的挤劲落空。要点如下：

（1）乙要用定肘盘手走按劲。

甲定腕盘肘是顺缠，目的是由掤变挤继续进攻，乙则要逆缠定肘盘手，粘住甲手腕向右走下弧，走出按劲破乙的挤劲。甲挤是横劲，乙则利用定肘盘手产生出向右下的按劲以控制住甲的手腕，使甲的横劲落空，挤劲难以施展。

（2）捋按转换要顺随。

乙由捋变按的转换要顺随，关键在跟劲。转换时劲不能断，乙劲越顺随，甲就越不易察觉。

动作五：乙掤甲捋

前面完成了顺步反圈单推手的前半圈，是甲掤乙捋，甲挤乙按，从动作五开始，走单推手的后半圈，变为乙掤甲捋，乙挤甲按。要点与前述相同，只甲、乙互换，故不再重复。

1. 乙掤

乙接动作四的按不发劲，粘住甲手逆缠走右弧，出手抱月牙，像推轮子一样搓捻甲手腕，将甲手腕缠起，并贴着甲手腕下沿继续向前缠，将甲手臂向上掤。要点如下：

（1）乙要用出手抱月牙走掤劲。

走逆缠丝圈，乙要想让甲的手腕向上抬，要用出手抱月牙的技法，利用逆缠丝使甲手腕受到向上搓捻的劲，受到这种搓捻劲的影响，甲手腕会向上抬起，这种劲就是掤劲。逆缠时，手腕要边向前试劲边缠丝，既不能顶，也不能丢。

（2）从甲手腕下方对准中线发劲。

乙从甲手腕下方发劲是为了将甲之手向上掤，不仅避开了接触点的顶劲，还使甲形成背势。此时进攻既省劲，又巧妙。同时，还要找准甲的身体中线，如果没有对准中线，劲就会走偏，容易被甲捋化。

2. 甲捋

甲捋收肘走线板。当乙出手抱月牙逆缠走右弧，欲将甲手掤起时，甲不能硬顶，手背先跟着乙手腕翻转，使乙的搓捻劲用不上力，手掌推不着甲，发不出掤劲，紧接着逆缠走左弧，收肘走线板，以捋劲化解乙的掤劲。要点如下：

（1）甲要用收肘走线板走捋劲。

乙出手抱月牙以掤劲进攻，甲需要收肘走线板走捋劲化解乙的掤劲。乙掤是实，属阳，甲捋是虚，属阴。甲走线板以捋破掤，正是运用了阴阳变化的原理，不与乙顶抗，将计就计，顺势走化，变被动为主动，守中带攻，反使乙的掤劲落空。甲走线板的捋劲体现出以虚避实、以柔克刚的巧妙应变。

（2）甲要借劲捋。

借劲就是借势，甲要借乙掤的惯性捋。要顺势走劲，可轻轻随劲，但不能硬拽。在借劲的同时，要通过走线板的内弧，使乙的掤劲改变方向而失去作用。

动作六：甲捋乙挤

甲捋收肘走线板，乙挤定腕盘肘。

动作五甲以捋破乙掤，这时乙的主动进攻变为了被动，乙就不能再继续掤了，可用手背粘住甲手腕，顺缠定腕盘肘，由掤变挤来破甲的捋，改变被动局面。当感觉到甲的捋劲时，乙要立即松掉掤劲，稳住身体重心，右手顺缠转托盘，由掌心向手背翻转，由掤变挤破甲之捋。要点如下：

（1）乙要用定腕盘肘走挤劲。

乙掤，甲捋，甲捋，乙掤走空，乙再变挤。乙掤已被甲捋化解，如果继续掤，势必会被甲捋所制。乙需要定腕盘肘，将向上的掤变为平挤，破甲之捋。乙由掤变挤与甲由掤变挤一样，要注意正反托盘圈挤劲的区别。

（2）乙的掤挤转换要顺随。

同甲的掤挤转换，不再赘述。

动作七：乙挤甲按

动作六乙以挤破甲捋，这时甲不能继续捋，要稳住身体重心，手腕要跟着乙转，粘住乙的挤劲，向右继续逆缠走下弧，定肘盘手，由捋变按破乙的挤劲。乙以挤破甲捋，走的是定腕盘肘，甲要破乙的挤，要走定肘盘手。如果乙挤劲过大，就会失去重心顺甲的按劲跌出。当乙变掤为挤时，甲就变捋为按，仍是以虚破实，以柔克刚，使乙的挤劲落空。要点如下：

（1）甲要用定肘盘手走按劲。

乙定腕盘肘是顺缠，目的是由掤变挤继续进攻，甲则要逆缠定肘盘手，粘住乙手腕向右走下弧，走出按劲破甲的挤劲。乙挤是横劲，甲则利用定肘盘手产生出向右下的按劲控制住乙的手腕，使乙的横劲落空，挤劲难以施展。

（2）捋按转换要顺随。

甲由捋变按的转换要顺随，关键在跟劲。

动作八：收势

甲乙双方如要结束单推手训练，应回到动作一预备式状态，然后收回前脚，回到原位仍保持一拳距离面对面站立收势。

以上分别介绍了正反圈单推手一个完整圈的推手过程。在这一圈当中，甲乙双方均使用了掤捋挤按四个劲。上半圈甲用掤挤，乙用捋按。甲两次以实攻乙，乙两次以虚化之。下半圈乙用掤挤，甲用捋按。乙两次以实攻甲，甲两次以虚化之。单推手就是甲、乙双方连续不断、循环往复、有来有往、有攻有守的单手缠丝圈。在单推手的训练过程中，虚实转换既可以用抱月牙、走线板的弧线来实现，也可以用定腕盘肘和定肘盘手的定点盘转来实现。单推手是基础，要通过单推手的训练，学习走线板、抱月牙的弧线技术和定腕盘肘、定肘盘手的定点转换技术，掌握掤捋挤按四正劲的运用，为进一步学习双推手打好基础。

除了顺步正反圈、右手单推手，还有拗步正反圈单推手、"8"字圈单推手等，原理基本相同，不再赘述。

三、单推手小结

（一）走劲

上半圈：甲以掤进，乙以捋化，甲以挤再进，乙以按再化。下半圈：乙以掤进，甲以捋化，乙以挤再进，甲以按再化。甲、乙双方都是用掤捋挤按四正劲进行攻防转换练习，正反圈都一样。

掤劲：掤劲是出手走出的劲。出手抱月牙和出手走线板都可以走出掤劲。

挤劲：挤劲是出手走出的劲。出手定腕盘肘即可走出挤劲。顺缠盘肘是由月牙变线板，逆缠盘肘是由线板变月牙。

捋劲：捋劲是收肘走出的劲。收肘抱月牙和收肘走线板都可以走出捋劲。

按劲：按劲是收肘走出的劲。收肘的定肘盘手即可走出按劲。顺缠盘手是由月牙变线板，逆缠盘肘是由线板变月牙。

（二）接触点的虚实变化

单推手是两人单手的博弈，手腕是接触点，双方的劲路都要经过这个接触点，双方劲力的变化都体现在这个接触点上，手腕的接触点是关键点。两人手腕相搭时，手腕做顺逆缠丝的拧转可视为自转，围绕对方的手腕转圈可视为公转。手腕在自转、公转时均有虚实两种劲，分述如下：

1. 手腕自转产生的虚实劲

虚劲：手腕轻轻粘着对方，并沿对方手臂滚动。

实劲：手腕贴紧对方自转，搓捻对方手臂，使之前后移动。

2. 手腕公转产生的虚实劲

虚劲：手腕轻轻粘着对方，并围着对方手腕缠绕。

实劲：贴紧对方手臂前后移动，搓捻对方手臂，使之滚动自转。

在推手当中要特别注意手腕接触点的变化，无论是手腕自转还是公转，都要分虚实，这样才符合太极拳的原理。

（三）单推手要注意全身的协调配合

本节介绍单推手，是参照托盘圈的动作对照讲解，没有涉及中下盘和身法的动作和要领，实际训练时应结合身法和中下盘功法进行整体综合训练，不能只练手臂，要注意全身的协调配合，特此说明。

第三节　双推手

单推手是两人单手相搭，并通过手腕的一个接触点，练习太极拳掤、捋、挤、按、採、挒、肘、靠八门劲法的推手方法。双推手是两人双手相搭，并通过腕肘两个接触点，练习掤、捋、挤、按、採、挒、肘、靠八门劲法的推手方法。双推手以单推手为基础，分主手和辅助手，只以主手来看，就是单推手的复制，辅助手则是配合主手走劲。双推手除了接触点上的虚实变化，还有两手之间和手肘之间的两点虚实变化，再加上主手与辅助手的相互转换变化，双推手的虚实变化比单推手更加复杂。

本节主要介绍四正劲合步的定步双推手，即两人均向前出左脚或右脚进行掤捋挤按四正劲的推手。

一、基本动作

动作一：预备式

甲、乙双方面对面站立，双手握拳向前平伸，以拳面相接为准。以出右脚为例，两人右脚各向前半步，前脚内侧相对，脚掌心处在同一条线上。两人前脚之间的距离约一拳宽度（也有两脚相扣，前腿相贴的），站成右三七步。甲、乙均伸出右手，手背腕部相搭，双方均以两三分劲掤住，不可过于用力，左手扶于对方肘部。立身中正，呼吸自然。

动作二：甲掤

甲右手出手抱月牙，左手出手走线板，掤乙右臂。

右手：甲右手出手抱月牙，走右弧上掤乙右腕。搓捻乙右腕，使其向上捻转滚动。右手对乙身体中线。

左手：甲左手出手走线板，掤乙右肘，配合右手，双手走掤劲。

要点：两膝合住，身体左转，重心前移，落于右腿。命门后撑，右臂放长，这是对称拉长的掤劲，不易失去重心。

动作三：乙捋

乙右手收肘抱月牙，左手收肘走线板，捋甲右臂。

右手：乙收肘抱月牙捋甲腕。在手腕的接触点上，甲攻乙守，甲进乙退。乙捋是走化，劲要轻灵，粘黏连随，不丢不顶。

左手：左手收肘走线板捋甲肘。左手粘住甲肘尖靠近上臂的一侧，配合右手向右捋甲肘。随着双手右捋，乙右手离开中线，左手要换到胸前护住中线。甲是攻方，要对准乙的身体中线进攻。乙为守方，以捋化解甲攻击点的同时仍以左手护中，保持中线不失。

要点：身体右转，双膝要合住，不可外撇，重心移向左腿，左实右虚。

动作四：甲挤

甲右手定腕盘肘，左手顺势掤住自己右肘弯，挤乙双手。

右手：甲右手被捋，接走定腕盘肘，变掤为挤。甲手腕掤劲被乙捋化，掤劲走空，手腕变虚，这时应身体右转，由掤变挤，虚实转换，右腕由虚又变为实，保证了掤挤转换的连续性。肩、肘、手是一张弓，要合住劲，要以肩催肘、以肘催手进行掤挤劲的转换。

左手：甲左手松开乙右肘，向右走下弧，转到右肘弯处，按在自己右前臂上，用掌根从内侧掤住前臂，辅助右手走挤劲。

要点：由掤变挤时重心不变，仍在右腿，但身体要下沉，避免前倾。

动作五：乙按

乙双手定肘盘手，按甲右臂。

右手：乙被甲挤，捋劲失效。这时，乙要走定肘盘手变捋为按。右手按甲右腕，将右捋之手顺势转走下弧，改变方向，化掉甲右手的挤劲。

左手：乙左手被挤，同样要以定肘盘手之法变捋为按。左手按住甲右肘弯，身体左转，与右手同步以定肘盘手走按劲，使甲挤劲走空。左手护中线，是主手。

要点：两膝合住，身体左转，重心仍在左腿，左腿弹簧劲要蹬住。转身下按时要三盘联动，整体旋转，前胯内折，使甲的挤劲向下走空。按虽是化劲，其中却含有肘靠劲的反击。

动作六：换手

动作二到动作五是甲走掤挤劲，乙走捋按劲。通过换手变为乙走掤挤劲，甲走捋按劲。这样，甲、乙双方都练到了掤捋挤按四正劲法。如此循环往复，交替变化，即四正劲双推手。

甲：甲右手挤劲被乙以按化解，应重心后移至左腿，收肘走线板，走左弧收回右手。用位于右肘内侧的左手，出手走线板接乙左腕。同时，松开右手，向下走弧线转到右侧，扶于乙左肘外侧。

乙：甲以左手接乙左腕，乙则顺按势从下弧转向上，左手粘住甲左腕准备出手抱月牙，并对准中线。右手找甲左肘，扶于甲左肘外侧。

要点：换手后，甲、乙左腕部相搭，右手扶于对方左肘外侧。与预备式相同，但左右手已交换。换手后步法不变，甲由顺步变为拗步，乙由拗步变为顺步，仍按原方向继续走圈推手。

动作七：乙掤

乙左手出手抱月牙，右手出手走线板，掤甲左臂。

左手：乙出手抱月牙，走左弧上掤甲左腕，左手对甲身体中线，搓捻甲左腕，使其向上捻转滚动。

右手：右手出手走线板，掤甲左肘，配合左手，双手走掤劲。

要点：两膝合住，身体右转，重心前移，落于左腿。命门后撑，左臂放长。

动作八：甲捋

甲左手收肘抱月牙，右手收肘走线板，捋乙左臂。

左手：甲收肘抱月牙捋乙腕。在手腕的接触点上，乙攻甲守，乙进甲退。甲捋是走化，劲要轻灵，粘黏连随，不丢不顶。

右手：右手收肘走线板捋乙肘。右手粘住乙肘尖靠近上臂的一侧，配合左手向左捋乙左肘。随着双手左捋，甲左手离开中线，右手要换到胸前护住中线。乙是攻方，要对准甲的身体中线进攻。甲是守方，以捋化解乙攻击点的同时仍以右手护中线，保持中线不失。

要点：身体左转，两膝仍要里合，不可外撇，重心移向右腿，右实左虚。

动作九：乙挤

乙左手定腕盘肘，右手顺势掤住自己左肘弯，挤甲双手。

左手：甲左手被捋，接走定腕盘肘，变掤为挤。乙手腕掤劲被甲捋化，掤劲走空，手腕变虚，这时应身体左转，由掤变挤，虚实转换，左腕由虚又变为实，保证了掤挤转换的连续性。肩、肘、手是一张弓，要合住劲，要以肩催肘、以肘催手进行掤挤劲的转换。

右手：右手松开乙左肘，向左走下弧，转到左肘弯处，按在自己左前臂上，用掌根从内侧掤住前臂，辅助左手走挤劲。

要点：由掤变挤时重心不变，仍在右腿，但身体要下沉，避免前倾。

动作十：甲按

甲双手定肘盘手，按乙左臂。

左手：甲被乙挤，捋劲失效。这时，甲要走定肘盘手变捋为按。左手按乙左腕，将左捋之手顺势转走下弧，改变方向，化掉乙左手的挤劲。

右手：甲左手被挤，同样要以定肘盘手之法变捋为按。右手按住乙右肘弯，身体右转，与左手同步以定肘盘手走按劲，使乙挤劲走空。右手护中线，是主手。

要点：两膝合住，身体右转，重心转向左腿，左腿弹簧劲要蹬住。转身下按时要三盘联动，整体旋转，前胯内折，使甲的挤劲向下走空。按虽是化劲，其中却含有肘靠劲的反击。

动作十一：换方向

动作一到动作十，是双方出右脚的双推手，甲、乙双方均走出了掤捋挤按四正劲，也可以出左脚推手。若继续走圈则可连续推手，反复练习。推手当中还可换方向，当甲（或乙）走掤劲时被对方捋化，甲（或乙）顺势走"8"字圈，向下出手走弧，再向上转回，不向前挤，而是顺着对方的捋劲主动向下按，并顺势向上走一小圈，改变方向往回转，变为回捋，而另一方则以挤破捋，这样就完成了换手，继续推下去。

动作十二：收势

如结束推手训练，应回到开始时的预备式状态，并将前脚收回，双脚并拢站回原位。

二、双推手小节

（一）手肘两个接触点要有虚实变化

单推手是两人手腕相搭，接触点只有手腕一个点。手腕轻搭劲则虚，手腕重搭劲则实。双推手是两人手肘相搭，接触点是手腕和肘两个点。这两个接触点分阴阳，也就是分虚实。当对方劲实时，我方要变为虚，避免顶劲。

四正推手是针对掤捋挤按四个劲的攻防训练，攻方以掤挤劲进攻，守方以捋按劲防守。攻方先以手腕走掤劲，被守方以捋走化后，变为肘挤，实劲是由手腕换到肘。假设双方是右腕相搭，左手搭在对方肘部。守方捋化时，劲是以右手化之，攻方肘挤时，守方则以左手化之。腕肘之间有虚实变化，两手之间也有虚实变化。练推手就是要练这种虚实变化，能虚实转换才符合太极拳的原理。双推手首先要练出手肘的虚实变化，而后再加入肩腰胯等，进行更加复杂的虚实变化训练。

（二）双推手中的正反托盘圈

托盘圈是基础圈，在双推手中就能体现出来。托盘圈中的两弧两点与掤捋挤按的关系如下：

出手抱月牙和出手走线板走掤劲，定腕盘肘走挤劲。
收肘抱月牙和收肘走线板走捋劲，定肘盘手走按劲。

初学时，动作一定要做到位，可以慢一些，仔细体会各种劲的区别和变化。熟练后，动作可逐渐加快，外形会不那么明显，但各种劲要走出来。走线板、抱月牙、定腕盘肘、定肘盘手等基本元素组成的托盘圈是上盘的构架，结合中下盘就形成全身整体构架。无论是单练还是推手都要保持功法构架的稳定，练构架就是练活桩，构架稳定与否可以看出桩功是否扎实。如果在练托盘圈阶段，基本动作不到位，没练扎实，到了推手阶段，弱点就会暴露出来，破绽就会多。基本功扎实，各种劲法的运用才能得心应手。

第五章 太极拳劲法

第一节 太极拳的八种劲法

掤、捋、挤、按、採、挒、肘、靠是太极拳的八种劲法，简称太极八法。其中掤、捋、挤、按为四正劲，採、挒、肘、靠为四隅劲。王宗岳的《打手歌》说："掤捋挤按须认真，上下相随人难进；任他巨力来打我，牵动四两拨千斤；引进落空合即出，粘黏连随不丢顶。"杨氏《十八在诀》说："掤在两臂，捋在掌中，挤在手背，按在腰攻，採在十指，挒在两肱，肘在曲使，靠在肩胸，进在云手，退在转肱，顾在三前，盼在七星，定在有隙，中在得横，滞在双重，通在单轻，虚在当守，实在必冲。"前辈们对太极拳八种劲法的论述都非常精辟，流传下来的大都是一些口诀，深入解析的文字资料较少。

讨论太极拳八门劲法首先应该明确三点：第一，明确太极拳是以借力打力为前提。太极拳"彼不动，己不动""我守我疆，不卑不亢"的思想，决定了太极拳后发制人、借力打力的技击特点。太极拳的修炼先要经过听、化、拿三个阶段，而后再发劲。因此，太极拳的八种劲法不是主动出击的劲，而是后发制人的劲。第二，要以螺旋缠丝为前提。太极拳的劲要符合螺旋缠丝的运动特点，所有的劲都不是直劲，都是螺旋缠丝运动产生的劲。第三，太极拳的劲法要围绕接触点进行讨论。接触点是双方力的作用点，可以是一个点也可以是两个及以上的点。在接触点上，力的方向、大小、速度的变化决定着力的效果。如果击中了对方的重心，破坏掉对方的平衡，力的作用就达到了预期的效果。反之，来力被化掉，就不会达到预期效果。下面具体谈谈太极拳的八种劲法在泓生先生传授的陈氏太极拳传统功法中的运用。

一、掤

在托盘圈中，掤劲是出手走线板和出手抱月牙走出来的劲。比如在推手时，甲乙双方手腕相搭，甲对准乙中线向前用力推，欲将乙推倒。乙出手走线板或出手抱月牙，从左右两边走弧线，以曲破直，不与甲顶劲。同时，乙只以两三分力用手腕粘着甲手腕，向上搓捻，使甲手腕逆缠拧转，并向上抬起。如果这时发劲，甲就会失去重心，身体后仰而跌出。如果有腕肘两个力点时，就要放开一个力点。比如放开肘部力点，使肘变虚，就又变成手腕一个力点了。

上例中，甲先出手，乙借力，满足第一个条件。乙出手走线板或抱月牙走弧线缠丝，以曲破直，满足第二个条件。乙只用两三分力搓捻甲手腕，在作用点边上走劲，满足第三个条件。乙的这种走弧、搓捻、缠拧的组合劲，可使甲身体后仰跌出，正是掤劲产生的效果。乙的掤劲要走在甲手臂的皮骨之间，要使甲手臂产生扭转。不能直接顶在接触点向上推，向上推是直力，没有扭转劲，甲手臂不会扭转，违背了太极拳用劲的原则。

用掤劲的时机要掌握好，要听着劲掤，做到无过无不及。掤要接劲即掤，掤住即转，掤住即缠。掤早了对方的劲还没到，彼此的劲没有连上，无法借劲，是为"不及"；掤晚了对方的劲已作用到我身上，劲已顶住，是为"过"，犯了双重之病。手腕的搓捻劲是掤劲的关键，掤劲不是掤住不动，掤住不动仍是顶劲，搓捻劲就是掤住即转、掤住即缠的具体体现。搓捻劲就像擀面条或擀饺子皮一样，按住擀面杖向前推，使擀面杖向前滚动。掤就是向上搓捻对方手臂，使对方手臂抬起。搓捻的力度要恰到好处，要根据对方的劲做出反应，最终还要通过实际试手训练才能有所感悟。

掤劲是太极拳八种劲法的母劲，有人形容掤劲是向外的膨胀劲，能够支撑八面。但需要注意的是，用掤劲抵御外力时，要在来力作用点的侧面接，不使外力找准我的重心，并且接劲即转，不能直掤，直掤还是顶劲。泓生先生出手走线板和出手抱月牙走掤劲的方法，符合太极拳掤劲的发劲原理，是走掤劲的正确方法。

二、捋

在托盘圈中，捋劲是收肘走线板或收肘抱月牙走出来的劲。比如甲、乙两人推手时，甲用掤劲攻乙时，乙可收肘走线板或收肘抱月牙以捋劲化解。甲掤劲是向前上方发劲，以使乙手臂上抬，这时乙虽然要顺甲的掤劲向后捋，但方向要有变化。甲掤劲是向前上方，乙捋则要向后下方捋，要通过收肘走线板或抱月牙走弧改变来力的方向。

乙收肘走线板或收肘抱月牙是将甲的前上掤变为左右两侧的后下捋。从左向后捋还是从右向后捋，要看手腕的变化。收肘走板线或收肘抱月牙都是走弧线，而不是直线，手腕顺缠就可收肘走线板，手腕逆缠就可收肘抱月牙。当甲的掤劲被乙化掉后，甲掤已走空，力的接触点已被乙控制住，乙顺着甲掤劲的惯性轻轻向后捋即可。劲的大小、速度全由乙掌握。乙捋完全是借甲的掤劲，捋不是发劲，而是顺劲。如果说捋是有劲的话，那也是顺势引带的劲，但不能生拉硬扯，不能有顶抗劲。

三、挤

在托盘圈中，挤劲是定腕盘肘走出来的劲。定腕盘肘是出手劲，不论是出手走线板还是出手抱月牙，定腕盘肘时线板和月牙两种弧线相互转换，在转换过程中要掤住力点，并通过转换改变力的方向，由掤劲变为挤劲。

比如甲、乙双方在推手过程中，甲掤被乙捋化解后，甲要由掤变挤破乙的捋，就需要在掤住的接触点上，以手腕为轴，粘着乙手腕，或顺缠或逆缠，定腕盘肘，使前上的掤变为横侧的挤。若将捋劲与挤劲对比，捋劲是顺着来力方向走的劲，挤劲是与来力方向有一定角度向侧方走的劲。顺劲与侧劲均不是顶劲，均可借力发力，以小力胜大力。比如甲挤乙，当甲掤住乙手臂并围绕接触点旋转时，会出现两种情况，一种是顺时针转，一种是逆时针转。旋转过程是化解来力的过程，化开力点后，甲贴着接触点的边向侧面发劲。需要注意的是，挤劲要粘住接触点在边上挤，离接触点远了就挤不上劲了，且容易被化解。挤劲在实际运用时要灵活，如果手腕用不上，可用肘挤，肘用不上，可用肩挤。手臂是一张弓，弓劲要整，挤劲要走在弓背上，要随弓背角度的变化而变化。与掤劲一样，挤劲也不能直接挤在力点上，要把力点旋开挤，改变力点的方向，这样对方就找不到我的重心，做到了"人不知我，我独知人"。

四、按

在托盘圈中，按劲是通过定肘盘手走出来的劲。按劲与掤劲是相对应的，掤劲是旋转缠丝产生的向上的劲，使对方重心抬起，身体后仰；按劲是旋转缠丝产生的向下的劲，使对方的劲落空而失去重心。按劲是定肘盘手前半段向下走弧的劲，后半段向上走弧就是由按劲逐渐变为向上的掤劲了。

按劲也有两种情况：一是前按，二是后按。前按是使对方身体后仰，后按是使对方身体前倾（左右按的情况与前后按相同，只是方向不同）。前按一般是按中加挤，后按一般是由捋变按。

五、採

甩响鞭时有两种方法：一种是将响鞭用力甩出，力量沿发力方向传递到鞭梢，在力量传递到鞭梢时，鞭梢突然反抽就会发出声响。甩鞭的力量越大，速度越快，发出的声响就越清脆。另一种是先稍向前轻轻抖一下响鞭，然后顺势突然用力回抽，同样能使鞭梢发出爆响。採劲很像第二种情况，先给个力，而后突然向相反方向发力。在实际运用时，先给出上掤劲，而后突然向下按，这种劲就是採劲。

採属四隅劲，是一种反向发出的劲，这就需要预先给出一个反向的初始力。如下採先要上掤，如后採先要前掤。一般是先转一小圈，这是预先造势，而后突然向相反方向发劲。劲不要太大，劲太大了反而会将自己带过去。採要用手指按住发劲，手指可稍用力，否则手会滑脱。虽然採劲较难理解，但通过掤按组合发劲可产生採劲的效果。

六、挒

挒属四隅劲，也是一种发劲，用四正劲中的挤捋组合可发出挒劲。挤是在接触点前或后向外掤劲，捋是顺劲，而发挒劲时一般用双手，前手挤和后手捋同时发力，产生旋转的爆发劲，这种瞬间的爆发劲就是挒劲。挒劲发力，力的支点在前手，而不是在手肘之间，这与挤捋劲不同。挒劲也可以单手发劲，单手发劲时要用身体的某一部分代替手臂掤住支点。《十八在诀》中的"挒在两肱"即说明了挒劲是两点组合的劲。

七、肘

肘劲特指肘部的发劲，肘劲并不像掤捋挤按是一种单独的劲，而是指肘走出的掤、捋、挤、按各种劲。肘打与膝打、胯打一样，是身体某个具体部位的击打，可以打出四正劲中的某一种劲，也可打出四正劲的组合劲。因此，肘劲要结合掤捋挤按四正劲来运用。发肘劲要预先盘一小圈蓄势，然后发劲，不要直接用肘击，因为借力发力才符合太极拳的发劲原理。

八、靠

靠劲一般分为肩靠、胸靠、胯靠等，特指身体的这几个部位击打的劲。俗话说："远拳近肘贴身靠。"说明靠劲是比肘劲更短的劲，是靠近身体的劲。靠劲虽然是近距离发劲，但是也有掤、捋、挤、按之分，这一点与肘劲相同，在靠劲的蓄劲阶段尤为明显。因此，靠劲也应结合四正劲来运用。与肘劲相同，靠劲也要先转一小圈蓄势，然后发劲。

以上是以走线板、抱月牙、定腕盘肘、定肘盘手四种方法对应太极拳的四正劲进行分析，讨论太极拳八门劲法在托盘圈中的应用。而托盘圈的四种方法是相互作用和转化的，四种劲法也是相互作用和转化的，不能机械地把一种方法对应一种劲。明确对应关系有助于初学时理解和掌握各种劲法，以便进一步探讨和研究。

第二节　粘黏连随

粘黏连随不仅是太极推手的技术要点，也是太极拳技击术的核心内容之一。王宗岳在《打手歌》中提到："引进落空合即出，粘黏连随不丢顶。"《杨氏太极拳老谱》对这四个字做了进一步解释："粘者，提上拔高之谓也。黏者，留恋缱绻之谓也。连者，舍己无离之谓也。随者，彼走此应之谓也。要知人之知觉运动，非明粘、黏、连、随不可。斯粘、黏、连、随之功夫，亦甚细矣。"粘黏连随技术要结合接触点（力点）来讨论，接触点上力的变化是非常复杂的，下面仅作简要分析。

一、粘

"粘者，提上拔高之谓也。"这句话是说以我之劲粘住彼之劲，并进行引化，改变彼劲方向而使彼失去平衡，同时造成彼之重心上提而被拔起。这是太极拳训练不丢不顶的一种技法，是拿劲技法。拿劲不同于反关节的擒拿，而是通过粘、黏、连、随的组合变化控制住对手的劲路，使对手失去重心，无法反抗。直观来看，好像是被粘住一样。其实质是根据力学原理，在彼此劲力的相互作用下，借力引化的结果。有的人稍有所悟，以为自己掌握了这种技法，便出来展示和表演，但是一遇生人往往则不灵。这是因为师徒或师兄弟之间练习，一方喂劲，另一方练劲。这种喂出来的劲是双方在同等节奏下的训练演示，是初级功夫，未经过实战检验，练习者不要轻易与人相较。实战中对手是不会喂劲的，也不会让你知道他的节奏变化，需要去捕捉机会，或通过引诱对手创造机会。能在生人不配合的情况下也能发挥出来，才算真正掌握了粘劲的功夫。

被粘住劲后，你会跟着对方的劲走，摆脱不开，这是因为你的劲被捆住了。粘劲是多个力的组合作用，而不是"粘"字直接表达的单一含义。比如，我按住对方手臂两点，对方如向上顶劲，我突然松开一点，这一点就会向上弹起，但我松开之手并未离开接触点，继续随着接触点的反弹之势向上走，看起来对方手臂的这个点好像是被我粘起来了，但是并不是我粘着对方走，而是我跟着对方走。由于随得巧妙，很像是粘起了对方手臂，其实这是随而不是粘。真正的粘，是我抬手时贴着对方手臂横向引带，抬起的手不空，增加了一种横向的牵引劲，这种横向的牵引劲是看不出来的。使用粘劲时，用劲的力度、速度、方向都要与对方相合，借力借势，否则就出不来粘劲的效果。

二、黏

"黏者，留恋缱绻之谓也。""留恋缱绻"是纠缠萦绕离不开的意思，黏劲就像胶一样黏住对手。在与人搭手时，将我之劲渗入彼劲，吃进两三分劲即可。劲要达于彼之皮与骨之间，彼若抽手则会感觉到阻力，有被胶黏住的感觉。黏劲和粘劲的道理一样，是一种侧劲，是借助摩擦力的一种劲，用劲要巧，要恰到好处。劲小了则会丢，劲大了则会顶。杨氏太极拳有"刺皮不刺骨，刺骨必被堵"的说法，说的就是这个道理。黏劲要作用在皮骨之间、筋膜之处，劲小了为丢，劲大了为顶。黏劲的大小要以能够牵动对手而不滑脱为宜。

练推手时，要掌握好用劲的分寸，搭手要用三分劲，不丢不顶，将黏劲运于肌肤之上。多练推手或多试手，在实践中找感觉，不断提高触觉的灵敏度和快速反应能力，逐步提高听劲水平。

三、连

"连者，舍己无离之谓也。""舍己"是舍己从人的意思。舍己不是舍弃自己的劲，而是看对方的劲如何走，这时就需要将自己的劲与对方的劲相连，从人的角度后发制人。"无离"是连接不离、连绵不断的意思。连，不仅肢体要连，而且劲路也要连。若彼此手臂轻轻相搭，看似连在一起，实则劲路未通。如果感觉不到对方的劲，就摸不清对方劲力的大小和方向。劲路未连，是为丢劲。因此，劲路的连接才是连的实质。

四、随

"随者，彼走此应之谓也。""彼走"此处应是跟随不离，不丢不顶，无过不及，随曲就伸。随要随得巧，要"动急则急应，动缓则缓随，仰之则弥高，俯之则弥深，进之则愈长，退之则愈促"，要根据对方劲路的变化而变化。彼进我退，彼退我随。彼进多少我退多少，彼退多少我随多少。随得灵则黏得住、连得上，随不灵则黏劲丢，连劲则断。

总之，粘、黏、连、随四法是相辅相成的，缺一不可。在粘、黏、连、随四法中，粘是目的，黏、连、随是手段。只有黏得住、连得上、随得灵，才能粘得起，发得出。黏、连、随综合运用，才能发挥出粘的作用，将彼之劲拿住。

第三节　虚实劲

太极拳以阴阳理论为指导，要求处处有阴阳，阴不离阳，阳不离阴，阴阳相济，相互转化。太极拳阴阳变化理论的具体体现就是劲的虚实变化。劲分为虚劲和实劲，而且虚实劲是随时转化的。虚实劲可以分别在一个点上，也可以在两个以上的点上。

比如甲乙双方进行单推手，两人单手相搭，接触点是一个点。当甲手腕自转时，接触点会绕着甲手腕移动，原接触点的实劲变虚，实点转换到甲手腕新的接触点。当甲手腕围绕乙手腕转动时，接触点会绕着乙手腕移动，原接触点的实劲变虚，实点转换到乙手腕新的接触点。由于甲的转动方法不同，上述两个新的接触点的位置也是不同的。

再如双推手，两人一只手手腕相搭，另一只手搭在对方肘部，推手时要求腕和肘两个接触点不能同时为实，也不能同时为虚，腕肘之间要分虚实。当手腕由实变虚时，肘要由虚变实，当手腕由虚变实时，肘要由实变虚，避免出现双重。

在托盘圈中，出手走线板或抱月牙时，手腕是由虚开始走，走到托盘圈的上顶点时，腕劲变实，由于腕、肘走的线路相同，肘劲也是由虚变实，假如劲路受阻，继续走就是顶劲了，这时需要定腕盘肘，变换虚实，掤住手腕，同时将肘盘向另一侧。定腕盘肘时，腕实肘虚。手腕虽为实，在原地转动，接触点也在移动变化，实中有虚。又因为由走线板变为抱月牙是逆缠丝，由抱月牙变为走线板是顺缠丝，采用不同的方法，所以接触点移动的方向和位置也是不同。同样，在收肘走线板和抱月牙时，腕、肘走的劲路相同，肘收到肋边时腕、肘的劲会顶住。这时需要定肘盘手，将手腕的实劲化掉。

在托盘圈中，走线板和抱月牙是走弧当中的虚实变化，定腕盘肘和定肘盘手是腕或肘定点旋转的虚实变化。一个是线的变化，另一个是点的变化。托盘圈如此，丹田圈、磨盘圈、胸背折叠、腰胯折叠亦如此。接触点虽在手臂，但劲则贯穿于全身。那么，虚实变化也是遍布周身。只有全身各节协调配合，才能体现出整体的虚实变化。

第四节　缠丝劲

陈鑫在《太极拳发蒙缠丝劲论》中说："太极拳，缠法也。缠法如螺丝形运于肌肤之上。平时运动，恒用此劲。故与人交手，自然此劲行于肌肤之上而不自知。非久于其道，不能也。""至于手中，其权衡皆本于心，物来顺应，自然合进退、缓急、轻重之宜。"太极拳练的是缠丝劲，并要将此劲融入肌肤筋膜。按照旋转方式的不同，缠丝可分为两种：一是自身的拧转缠丝，这是自转缠丝；二是围着某个点缠绕的缠丝，这是公转缠丝。在托盘圈中，走线板和抱月牙是走弧线的缠丝，定腕盘肘和定肘盘手是定点旋转的缠丝。这是缠丝的两种不同形式。

一、走线板和抱月牙缠丝

走线板和抱月牙是走弧线的缠丝，通过手臂的弧线运动产生缠丝劲。手臂在进行弧线运动时，通过顺缠和逆缠拧转分别产生顺逆两种缠丝劲。出手走线板和收肘抱月牙是顺缠丝，收肘走线板和出手抱月牙是逆缠丝。长久的训练加上意念的引导，使这种缠拧劲走于肌肤与筋膜间，出手或收肘均走螺旋。与人交手时，也要将此劲通达于彼之肌肤筋膜间。动急则急应，动缓则缓随，物来顺应，权衡皆本于心。

走线板和抱月牙，手肘沿弧线运动，同时手臂还要顺逆拧转，这说明走线板和抱月牙是弧线和螺旋的组合运动。手臂拧转是自转，走缠丝，劲宜实，要将己劲作用于彼之肌肤，用弧线缠丝牵动彼劲。走弧线是公转，缠丝时，劲宜虚，应不令彼有知觉，待到我顺人背时，是走是发，全由我意。

二、定腕盘肘和定肘盘手缠丝

定腕盘肘和定肘盘手是定点缠丝。定点缠丝也有顺逆缠。定腕盘肘时，由线板变月牙是逆缠，由月牙变线板是顺缠。定肘盘手时，由线板变月牙是逆缠，由月牙变线板是顺缠。

走线板与抱月牙转换时是自转，缠丝时，劲宜实，要将己劲作用于彼之肌肤，用定点缠丝牵动彼劲。手腕盘转，力点围绕对手手腕移动是公转，缠丝时，同样劲宜虚，应不令彼有知觉，待到我顺人背时，是走是发，亦全由我意。

上述弧线缠丝和定点缠丝虽讲的是手臂的托盘圈，但胸背腰膝踝等全身各节均需配合托盘圈，并需遵循梢节领、中节随、根节催的发劲原理，练习相互配合的整体缠丝劲。

第二部分

泓生先生授拳实录

明三节

【先生讲】

学太极拳首先要明三节。什么是三节？三节就是人体骨骼结构的三节。人的身体分上、中、下三大节，上肢的手臂为上节、躯干为中节、下肢的腿脚为下节。每一大节又分三小节，分别是上三节、中三节和下三节。上三节是肩、肘、腕，中三节是胸、腰、腹，下三节是胯、膝、踝。托盘功是练手臂的缠丝，是上三节的功夫。折门板是练胸背的开合，胸背就像两扇门板，开胸合胸就像门板的开合，属中三节的上节。腰即左右两肾，是中三节的中节，转腰较难，需仔细钻研，刻刻留意。腹为丹田，是中三节的下节，转丹田有一个作用，就是练腰两侧的软肋。腰两侧的软肋易受功击，要把这个部位练出来，要练得抗击打。但是练转丹田要用意念引导，不要追求外形，转好丹田外形是看不出来的。转胯、转膝盖、转踝子骨就是转下三节。练太极拳就是练身体各节的圈，要把人体的三节搞清楚再去练拳，这样才能对照功法去练，如果不懂三节，拳是练不精的。

【解析】

关于三节，陈长兴在《太极拳十大要论》中已有全面论述。身体的三大节又称三盘，分别对应上、中、下三盘功法。上盘对应托盘功，中盘对应丹田内转功，下盘对应磨盘功。三节划分服务于功法，明三节就是要懂得每一节的内气运用和作用。梢节起、中节随、根节催，气之发动就是内劲的发放，点出了气之发动的原理。就上盘而言，手为梢节，手指缠丝领劲，肘随手走，肩根催劲，肩、肘、手一气贯通。走外弧，手臂似弓，如怀中抱月；走内弧，形如线板，化劲于无形。就中盘而言，胸背折叠似门板开合，命门撑劲，脊柱中正，丹田内气转动，至命门拔脊而上，命意源头，腰隙主宰。就下盘而言，脚为梢节，旋踝转胯，脚踝一转，膝随踝走，胯根催动，推转磨盘。气之发动是由梢节起，中节随，根节催。虽然说的是各节，但就全身整体而言，各节要相互贯通，节节贯穿，连为一体，"四肢百骸，总为一节"。

与三节对应的是三盘功法。上盘对应托盘功，即手臂圈；中盘对应丹田内转功，即腰圈；下盘对应磨盘功，即胯圈。总之，明三节就是要懂得三节的作用和与功法的对应关系，通过修炼三盘功法增强各节肌肉筋膜的机能，做到一动无有不动，内劲节节贯穿，正确理解"劲起于脚、主宰于腰、形于手指"的太极拳发劲原理，掌握太极拳正确的习练方法。

三转一提拉

【先生讲】

今天我给大家讲个词，叫作"三转一提拉（提拉，读dī la）"，你们可能没听说过。陈氏太极拳家传功法中有"三转一提拉"的说法，用的是民间俗语，陈家传拳时，一些拳法拳理经常用家乡话来形容，很有特色，而且通俗易懂。"三转一提拉"的"三转"是指太极拳要练肩圈、腰圈和胯圈这三个圈。肩圈带动手臂，腰圈带动丹田，胯圈带动腿和脚。三个圈都要以腰为轴，就是以脊柱为轴旋转。肩圈要把肩练活，练胸背的开合；腰圈要以腰为主宰转肚子，就是转丹田，练丹田的劲；胯圈是练转胯，把胯练活，胯活才能使重心虚实转换灵活。练三转时头顶百会穴要向上领起，尾闾似有线锤沉住劲，保持重心稳定。上自百会穴，下至尾闾要贯穿一气，做到"虚领顶劲，气沉丹田，不偏不倚"。脊柱不能左右晃动，要保持身体平衡，头顶好像有一根无形的线向上提起，就像古钟顶上的挂环把钟提起，这就是"一提拉"。

练太极圈要先求开张，后求紧凑，先大后小，乃至无形。走圈要以意引导，神情内敛，全身上下贯穿一气，一动无有不动，要通过太极圈粘走运化，引进落空。练太极圈要由简到繁，由少到多，由单个圈到多个圈，圈与圈之间要互相配合，环环相套，形成若干个组合圈。太极圈是基础，由单圈逐渐加圈，圈越多，劲路越复杂，对方越是摸不着。练到周身一家，浑然一体，有如太极球一样翻滚自如，才能成为高手，达到"人不知我，我独知人"的境界。

【解析】

"三转一提拉"的提法非常独特，这是因为传统武术都很保守，门内功法一般不会轻易外传，能够得到泓生先生的传授是一种缘分，这使我终于找到了探求太极拳核心技术的门径。"三转一提拉"中的"三转"说的是三个太极圈，由于太极拳运动是圆的运动，练太极拳就是练习走圈，身体各个关节都要练习走圈，而且要练出圈与圈之间相互配合的组合运动。除了明白太极圈的道理，还要明白自转和公转的原理。脊柱是中心轴，是大纛旗，要不偏不倚。"一提拉"指的就是脊柱要用意念领起，像提拉东西一样，百会穴要向上领劲，保持头部端正。尾闾要向下沉住，保持身体重心稳定。脊柱要有弹性，身体重心既要有虚实转换，又不能偏离，要随时保持身体整体平衡。脊柱本身的旋转是自转，例如，脊柱带动躯干的旋转是自转，手臂本身的拧转也是自转。以脊柱为圆心旋转是公转，例如，手臂围绕脊柱旋转是公转。自转和公转要组合起来，例如，以肘为圆心，以前臂为半径的手圈是公转，而前臂的缠丝则是自转。当手与肘都顶住劲时，可通过转腰，即通过脊柱的自转带动手臂走圈，这时手与肘对于脊柱来说就是公转。自转加公转走的就是组合圈。

练太极拳就如王宗岳在《太极拳论》中讲到的："由着熟而渐悟懂劲，由懂劲而阶及神明。"这句话指明了练太极拳的三个阶段，也是练太极拳所要达到的三种境界。"着熟"一般指的是知己的功夫，"懂劲"一般指的是知彼的功夫。太极圈练熟后，能做到"立如平准，活似车轮"，说明已练到着熟的知己阶段。而后，再通过推手、散手练习在圈上找劲，掌握虚实变化，能粘黏走化、听劲化劲，就是达到了懂劲的知彼阶段。练到"纵放屈伸人莫知，诸靠缠绕我皆依"，舍己从人，随心所欲，拿劲放劲收放自如，就达到了阶及神明的高级阶段。要达到高级阶段，非下一番苦功不可，"然非用功长久，不能豁然贯通焉"。

泓生先生讲的"三转一提拉"是陈氏太极拳功法的五字要诀。三转是要肩、腰、胯带动上肢的手臂、躯干的胸腹（丹田）和下肢的腿和脚，形成身体上肢、躯干和下肢的三个大圈，又称为上、中、下三盘圈。而在陈家拳法中，与之相对应的托盘功就是练肩肘手的上盘圈功法，丹田内转功就是练胸腰腹的中盘圈功法，磨盘功就是练胯膝踝的下盘圈功法。因此，三转就是托盘功、丹田内转功和磨盘功这三种功法。这三种功法是陈氏太极拳的核心功法，练好单个功法后还要进行组合训练，练三盘联动，进一步提高身体的灵活性和协调性，而后将基本功融入招式和套路中，掌握全面技术，增强整体功力。

"三转一提拉"五字要诀是陈氏太极拳传统功法体系的核心，风格独特，功法精妙，科学规范，其丰富内涵成为古朴实用、结构完整的功法精要。

托盘功

【先生讲】

托盘是陈家拳经典手法之一，在诸多拳势中都会用到。在做懒扎衣和单鞭等式的前手向外掤的动作时，手臂不是简单地向外横向划圈掤出的，而是手做托盘动作，翻手走缠丝。托盘动作既有平圆也有立圆，是组合的立体缠丝圈。托盘是手自心出，先作拜佛状，这叫拜佛手，然后手心向上如托盘，紧接着手心向外翻，手臂撑圆，犹如一张弓，再向后转划圆，并逐渐向下落，经腰部回到胸前。以上动作是正托盘。反托盘动作与正托盘动作方向相反。当手向外翻时可意想用嘴咬一下自己的小拇指，为的是加大外掤劲，这是翻手的小技巧。

转托盘圈就是练托盘功，托盘功是最基本的缠丝圈，是练上三节手臂的缠丝劲，我们叫正反托盘。托盘功是基本功，许多招式都用得着，练转托盘虽然是练上肢，但要结合胸背劲和腰裆劲进行综合训练，练出全身上下融为一体的整劲。

【解析】

练陈氏太极拳要练缠丝劲，缠丝是陈氏太极拳的运动要点之一，包括顺缠和逆缠两种基本的缠丝。区分方法共三种，一是以手指的运动来区分顺逆缠丝，小拇指向手心领劲，其他手指依次跟进，掌心空，虎口圆，大拇指与小拇指合，叫顺缠；大拇指向手心领劲，其他手指依次跟进，掌心空，虎口圆，小拇指与大拇指合，为逆缠。二是以手掌的运动来区分顺逆缠丝，手臂前伸，手掌朝下，掌心向上翻是顺缠，掌心由上向下翻是逆缠。三是以手臂的运动来区分顺逆缠丝，手臂内旋合肘为顺缠，手臂外旋掤肘为逆缠。

泓生先生所传托盘功包括了顺逆缠丝，托盘的叫法较为独特，分为正托盘和反托盘两种。托盘功包括走线板和抱月牙两种技法，走线板、抱月牙各走半个圆，完成顺逆缠丝。

托盘只是个形象的比喻，实际是在练上三节，即上盘，包括手圈、腕圈、肘圈、肩圈、臂圈等。上肢各节都要转圈，加上上臂和前臂的自转，形成多圈组合。其中腕圈、肘圈和肩圈这三个圈最为关键，腕圈、肘圈、肩圈三圈组合，腕、肘、肩三点的动作会产生出许多变化，形成虚实虚、实虚实、虚虚实、虚实实等转让换。假如对方控制我腕和肘，当我听出对方作用于我腕部的力量大于肘部力量时，我即以肘为轴松腕定肘，以肘为圆心旋转手腕进行走化。简单地说就是腕部受力大时就定肘盘腕，这就是"左重则左虚，右重则右杳"的原理。实际上，定肘不是肘部一点不动，而是要用意念将肘定住，控制住肘。当肘部受力较大时，要定腕盘肘。若要练出这种技术需要平时多下功夫。总之，腕肘之间要分虚实，不能同时用力，也不能走平行线，要根据具体情况进行虚实转换。有时当腕部转到一半时，对方力变了，使我腕圈受阻，这时我应随机应变，及时定肘盘腕，化解来力，做到动急则急应，动缓则缓随。练太极拳最主要的是练知觉反应，功夫练到较高境界时，在寸许之间就能产生不同的虚实变化。

　　正托盘的代表拳式是云手，反托盘的代表拳式是斜行，这是太极拳五大缠丝手中的两式，是最基本的缠丝手。单式正反托盘练习应站三七步或马步。应多进行单式训练，这样比练套路出功夫快。练托盘功要持之以恒，坚持训练，每练一段时间都会有不同的感受，而且这种感受会越来越深。这就是"一层深一层，层层意无穷"（摘自《陈氏太极拳缠丝法诗》）。

　　总之，托盘功属上盘功法，是陈氏太极拳的核心功法之一，包括走线板、抱月牙、拜佛手、定肘、定腕、盘肘、盘手等多种基本手法，它们也是组成陈氏太极拳托盘圈的基本元素。

走线板和抱月牙

【先生讲】

托盘功是练上肢手臂的缠丝圈，这个缠丝圈由走线板和抱月牙两个技术动作组成。线板是过去家里用来缠线的长形木板，两边向内弯曲，呈对称的弧形。练托盘时，手臂向里合走内弧就叫走线板，手臂向外掤走外弧叫抱月牙。走线板要合肘，手到胸前要作拜佛状，叫拜佛手。抱月牙手臂要外掤，腰要后撑，就是命门后撑。不论是走线板还是抱月牙，手臂都不要僵，既要松活，又要有弹性。走线板和抱月牙是托盘功的两个关键动作，平时要多练单式，动作要做到位，特别要注意走线板的合肘，练拳时一定要注意。

【解析】

走线板和抱月牙各走出一个半圆，共同组成完整的托盘圈，是托盘功的两个最基本的动作。走线板的要领是向内合肘，这个动作有点别扭，不太好练，平时一定要重点练习，反复多练。合肘练不出来，托盘的劲就缺了一半。抱月牙手臂要向外掤，手臂向外弯曲形成月牙状。出手时要以手领肘，肘随手走，这叫出手不出肘（指肘不能脱离手走的线路单独走）；手往回收时要以肘领手，手随肘走，这叫收肘不收手。手和肘不能同时平出或同时平收，也就是手和肘不能走平行线，手肘同时出容易犯双重，要走同一劲路，劲才会整。

需要特别注意的是，要把走线板和抱月牙当成一组劲来练，转换时劲要连续，不能断。因为线板和月牙是相互转换的，其转换之处非常重要，这是线板变月牙或月牙变线板的转换点，转换点上要换劲，练功时要特别留意，只有长期坚持训练才能逐渐领悟这种劲。线板和月牙转换时手要做托盘的动作，要掤住劲，掤住劲才能改变来力的方向。转换是手腕和肘的虚实转换。一种转换是定腕盘肘，另一种转换是定肘盘手。定腕是以手腕为圆心盘肘走弧，定肘是以肘为圆心手腕走弧。转换劲不好练，较难悟，就像一道坎，悟不出来就转换不灵，转换不灵就运化不开，运化不开就拿不住劲，拿不住劲就黏不住人。这种劲路转换之处往往是关键点，悟没悟到这个关键点有本质区别，悟到了功夫就能上身，悟偏了就会因失之毫厘，导致谬以千里，越走越远。因此，练好走线板和抱月牙这两个最基本的技术动作是练好托盘功的基础。

拜佛手

【先生讲】

拜佛手是指单手或双手在胸前立掌稽首作念佛状，也叫阿弥陀佛手。练托盘的走线板时手要从胸前起，盘一圈后还要回到胸前。一是为了护住中线，二是便于蓄力，保持劲力不散。古人说的拳自心出就是出拳要胸前起，这样才便于发力，劲才完整。在与人交手时，一旦双手离开中线要及时收回，一念阿弥陀佛，手就自然能够回到中线迅速回防。不论是进攻还是防守，都要养成手回中线的习惯。这是拜佛手一技术的小窍门。

【解析】

拜佛手是守中护中的窍门，为了加深印象，平时练拳就要有守中护中的意识，养成保护中线的习惯。手臂伸出时要及时收回，不留空当。在练托盘走圈时，以手在胸前为起止点，从拜佛手开始练盘圈，最后收回到拜佛手。

推手练习时，对方会设法将我的手臂推离中线使我力量分散而使不上劲，我则用托盘手盘圈走圆借力化力，利用虚实变化巧妙盘转，使我的手转回中线，同时拿住对方力点，使对方反受制于我。我用拜佛手在胸前接手是对方攻击我，我是被动的一方，但通过转托盘将手盘回到胸前作拜佛手，这时就变成了我顺人背。掌握了拜佛手的技术会使托盘功更加精妙。

咬手指

【先生讲】

练托盘功有个"咬手指"的技巧，就是在走线板变抱月牙掌心外翻转换时，为加大向外的掤劲，意想用嘴咬一下小拇指。"咬手指"，并不是真的去咬一下自己的手指，而是要用意念"咬"，嘴微张，对小拇指空咬。注意不要伸脖子，意念一到，手臂自然会掤圆。

【解析】

练转托盘时，在走线板变为抱月牙的转换点上，手心外翻空咬小拇指是一种意念引导，其实质是梢节领劲，不能简单地理解成外形动作，这是手臂外掤的一种技术要领。

咬手指的作用：

（1）小拇指向内与嘴合，利于手臂掤圆，加大手臂的掤劲。

手掌由拜佛手向上托盘，紧接着手心向外翻转，手臂自然形成向外弓的弓形，如果手不回收，继续向外走，手臂极易向外张开，这样会使身形散掉，使之前的动作前功尽弃，也会使掤劲散掉。当手心外翻时，小拇指领大拇指合，意想咬小拇指，使手指向内回收合劲，手臂弓形外掤绷紧，身形不散，不仅保持了手臂的掤劲不丢，而且加大了手臂的掤劲。就像拉弓，越拉弓弦，弓背越弯，越向里合，同时弓背向外回弹的开劲也就越大。这就是开中寓合、合中寓开的道理。

（2）对准中线，力点不丢。

如果在翻手时手臂过度外掤或向体侧张开，就会失去对力点的控制，反而会受制于人。意想咬手指是要保持中线不丢，便于控制力点，掌握主动权。

咬手指虽然是个小技巧，但很精妙，只有经过细细品味和不断练习才能真正体会出它的妙用。掌握咬手指的技术要领，会使托盘功更加细腻。

弹琴手

【先生讲】

弹琴手是练习手指顺逆缠丝劲的基本方法。练拳时手指要像弹琴一样动起来，以手领劲带动两臂和全身运动。根据顺逆缠丝的理论，手指的运动也分顺逆。顺缠丝是小拇指领劲，其余手指依次跟着缠丝，掌心空、虎口圆、大拇指合。逆缠丝是大拇指领劲，其他手指依次跟着缠丝，掌心空、虎口圆、小拇指合。手指的动作像弹琴一样，所以叫弹琴手或缠丝手。练太极拳要练手指领劲，锻炼手指的灵活性，练弹琴指则是练手指的缠丝劲。手指为梢节，太极拳发劲是梢节领、中节随、根节催。初学时掌形为瓦拢掌，手指要微微向外弯曲，等有了一定功夫后就要练虎形掌，虎形掌是五指向内弯曲成勾状，这是为了练擒拿手。

【解析】

我曾经听说过河南省郑州市的一位姓张的老师向陈照奎学习"弹琴手"的故事。当年张老师和几个学员一起跟随陈照奎学习陈氏太极拳，有一天陈照奎老师半开完笑地说："我教你们一个功法，不过你们要请我喝酒。这个功法就是小拇指领劲，其他手指依次跟上，掌心空，虎口圆，大（拇）指合，这叫顺缠；大拇指领劲，其他手指依次跟上，掌心空，虎口圆，小（拇）指合，这叫逆缠。"几个人学了"弹琴手"后就开始练习，由于练弹琴手方法较为简单，每天重复同样的动作，没过多久同伴们就觉得乏味了，没有了兴趣，渐渐地松懈下来。但张老师心想，弹琴手功法这么简单，有用吗？可又一想，请老师喝酒才肯教的功夫一定有它的道理。于是张老师走路也练，骑自行车单手扶把另一只手还在练，时间一长功夫不知不觉就上身了。一年后同伴们与他推手就都不是他的对手了。

这个故事还有个版本是说几个人凑50元钱找陈照奎学拳，陈照奎当时就教了他们"弹琴手"，并向他们说这是太极拳的顺逆缠丝法。当时一瓶茅台才十几元钱，50元钱能买好几瓶，陈照奎这才教了弹琴手，张老师也大感不解，但他还是坚持练了下去，渐渐领悟到其中的精妙所在。

听了这个故事后，我在网上搜了一下张老师的教学视频，还真有专门教授转手指的内容。再看他打拳的风格，手指分开并依次转动，形似弹琴。张老师讲拳非常注重梢节领劲，可见通过弹琴手训练手指领劲是非常重要的基本功。

弹琴手就是顺逆缠丝手。手指领劲就是练梢节劲，使气血贯于梢节，意念达于毫末，从而提高手指触觉的灵敏度，增强听劲能力，提高反应速度。太极拳理论中有"梢节领，中节随，根节催"和"劲发于腿，主宰于腰，形于手指"的论述，梢节领和形于手指都需要手指缠丝，足以证明弹琴手的重要作用。

泓生先生传授的托盘功法也是要以手指领劲的，练正反托盘就是练顺逆缠丝。不仅如此，还将托盘旋转一周分为两个半圆，合肘走线板是半个圆，手臂外掤抱月牙是半个圆，走圈时两个半圆相互转换，产生阴阳虚实变化。如能掌握这种变化就可以轻松化解来力，练出"四两拨千斤"的能力。

泓生先生讲的掌形有两种，一种是瓦拢掌，另一种是虎形掌。瓦拢掌要求五指伸开，便于领劲和疏通经络，益于气血畅通，偏重健身；虎形掌便于擒拿，更接近实战，偏重技击，但这两种掌形的缠丝方法是一样的。

磨盘功

【先生讲】

磨盘功是陈氏家传拳法的基本功,是以站三七步为基本步法训练腿部的功法。磨盘功就是练转磨盘,具体做法是:站好三七步,重心坐于两腿之间,前腿胯膝旋转,形似推磨,后腿要坐住劲,身体后移时重量向后压,像压弹簧。旋转时腰胯为主宰,腿部随意念而动,转动像推磨一样推着东西走,不是空转。此功要以意导体,以腰为轴,以丹田为核心,带动腰胯转圈。练弹簧劲有利于后腿的支撑,使后腿支撑有弹性。

磨盘功要结合转丹田来练,丹田要内转,每一势的运劲过程是先转丹田,劲由命门传入脊骨,向上传向手臂,向下就是转磨盘。磨盘功虽是下盘功法,却是以腰为主宰的全身运动。

【解析】

泓生先生教的陈氏太极拳与我之前学的有很大区别。磨盘功过去我没有学过。他说:"练陈氏太极拳必须要练磨盘功。"他的师兄杨文笏跟他讲,这种练法是陈氏太极拳的精华,不轻易外传。据说陈发科教完拳后,叫陈照奎回家再按照自家方法练拳,其中就有磨盘功。随着社会的进步及年龄逐渐增长,泓生先生的思想也发生了转变。他跟我说,他不想把这么好的东西带走,希望他的弟子和学生能把他教的功法学会并传承下去。

练磨盘功时要站成三七步,训练前胯的折叠劲和后腿的弹簧劲。首先要做上下颠步练习,颠起时注意双脚不要离地,当身体下落时,前胯要向内折叠,后腿要有压弹簧的感觉,找到这种感觉就好理解了。在做转磨盘时,前胯做旋转和折叠的动作。向后转时身体下沉,胯向内折,后腿则随着前胯的旋转折叠做压弹簧的动作。

要点:①两腿要向里扣,两膝要合住劲,不要外开,外开会使膝盖承受侧面压力,容易伤及膝盖。②前胯折叠时身体不能后仰,手臂要向前掤住劲,不要向后拉肩拉腿。时刻注意虚领顶劲,气沉丹田,保持立身中正。

通过长期训练我体会到，陈氏太极拳的许多拳式里都有转磨盘，磨盘功是陈氏太极拳的基本功，也是陈氏太极拳的精华。如果泓生先生不传授磨盘功，我打拳就不会有转磨盘的感觉。现在我才真正明白为什么泓生先生的这套拳与其他的拳不一样了，真正理解为什么陈发科教完拳后叫陈照奎回家再按自家方法练拳了。陈家的磨盘功本不外传，能有幸从泓生先生这里学到此功也是一种缘分。

　　磨盘功还有一种马步桩，是练腿部功力的桩功。马步桩体力消耗较大，非常吃功夫，可根据自身条件调节马步的高低，年纪轻、体力好的可站低桩，年岁大、体力弱的可站高桩。练马步桩虽然吃力，但见效较快。

转尾闾和摇尾巴

【先生讲】

狮子老虎一类的动物在走路或奔跑时，不管身体如何晃动，都不会跌倒，实际是用尾巴的不断摆动来稳定重心，保持身体平衡。在传统武术中，许多招式都是模仿动物的动作。人是没有尾巴的，摇尾巴只是一种形容，实际是尾骨转圈。也有人管这叫"转尾巴尖"或"转尾巴骨"。动作一定不要大，幅度要小。当与人顶劲时，尾闾转一小圈再发劲，就能将人发出，大家要仔细揣摩。

【解析】

初学推手或散手试劲时经常会互相顶劲，这时泓生先生会大声说："转尾闾。"以提醒弟子用转尾闾的方法使身体走活，并化解来力。

尾闾穴在尾骨下，转尾闾也就是转尾骨。在推手或散手练习时要会引劲，对方攻击我中线时，应将对方之力经尾骨向下引带，使对方的平直力向下改变方向，我上身就不受力了。在向下引带的过程中，我若转动尾闾就会使向下的力转向两侧，再次改变方向。两次变方向实际都是通过尾闾走圈来完成的。转尾闾是磨盘功的一部分，所以不用单独练习转尾闾，要在练习磨盘桩的过程中结合转丹田练习转尾闾，从而掌握转尾闾的动作要领。

转踝子骨

【先生讲】

打太极拳之所以要慢，是因为要有意识地加强身体各关节转圈的练习。踝关节是下盘的梢节，踝子骨一转，带动膝、胯、腰等部位转动，这就是劲发于脚的道理。转踝子骨很重要，不会转踝子骨就打不好拳。转踝子骨不好练，所以练拳时不要急，速度不能太快，也不能太慢，要有一定速度，要带上点劲。转踝子骨是起动一个初始劲，这样脚下才有跟，劲才能向上走。

【解析】

泓生先生在讲磨盘功时讲到了转踝子骨，而且在平时讲劲时常常要求转踝子骨。但是好长时间我都没弄明白踝子骨究竟怎么转，总是没有感觉。但老师要求转踝子骨一定有道理，只是自己一时搞不明白。唯一的办法就是平时多练，以量求质慢慢领悟。在三节要论当中，下盘三节的梢节是指踝关节和脚，转踝子骨其实就是通过踝关节的转动带动脚，加大脚蹬地的力。如果不练踝关节，脚下就没有根，就会站不稳。转踝子骨必须带上点劲练，这样才能体会出两脚蹬地的感觉，脚趾自然会抓地了，脚掌和脚跟也就产生出了虚实变化。带上劲就有了一定的速度，双膝自然会扣合住劲，不然两腿合不住劲，劲会散掉。故此，要使下盘稳固，全身劲整，其中很重要的一点就是练好转踝子骨。

踝关节的运动是立体圆的运动，提腿时单脚悬空，转踝子骨带动脚部做勾、挂、摆、踏等动作。比如，懒扎衣提膝圈腿侧铲的动作，提腿时，脚尖上勾内扣，踝关节随之内旋，腿向内合劲。接着脚尖稍松并向外转，脚跟向右前贴地铲出，腿向外开劲，然后脚跟落地，脚尖向内扣踩地，紧接着右踝右转，带动右膝向右转推磨盘，完成懒扎衣的动作。在这个动作中，右脚踝关节向左、向右、再向左、再向右转，来回变了四次。脚踩地向外转踝子骨时，腿是向外掤劲；向内转踝子骨时，腿是向里合劲。平时练拳，每一动先要转踝子骨，使脚蹬地产生反弹力，就像发动机的起动，这就是"劲起于脚"的原理。而后带动膝胯，将地面的反弹力传到丹田，与丹田劲相合，产生联动。劲主宰于腰、发于脚是前提。意念要在踝子骨上，不能在膝盖上。意念在膝盖则会使膝盖过度外展，劲就合不住，容易断劲，也容易伤及膝盖。

踝关节的旋转有多种形式，有脚尖点地的旋转、脚跟踩地的旋转、脚掌踩在地面蹍动的旋转及提脚悬空的旋转等，其中最主要的是脚跟踩地的旋转，总之要根据拳势的具体要求去练。如果练拳没有练好转踝子骨，就会像陈长兴在《太极拳十大要论》中论述三节时所说的"下节不明，颠覆必生"了。

三七步

【先生讲】

"三七步"是陈氏太极拳的主要步法，这种步法重心稳，移动灵活。要求扣膝、裹胯和后腿的压弹簧。

比如，左脚在前站三七步时，右脚在后，左膝前弓，不过左脚尖，脚尖里扣，与身体呈45°角；身体重心向后坐于左右腿之间，右腿微屈，右脚尖要微向里扣，脚尖朝向右前45°方向，右膝里合；右腿为弹簧，坐住劲。前后留出三分的量，重心在此范围内移动。这种三七步站法，重心稳定，变化灵活，进退自如，两膝都不会承受很大的力。此步法名为三七步，就是前不过三，后不过七，重心不能超出此范围。

平时练习时可做上下颠步练习，颠步时后腿压弹簧，要有支撑感。要经常进行左右、前后的移步练习。移动时要走弧步，不要直进直退。

【解析】

三七步是一种活步，是锻炼前后左右灵活移动的步法，是用于实战的步法。"三七"的意思是"重心前不过三，后不过七"，要求重心在前三后七之间移动。三七步在定步站立时，重心在中间。双脚前后站立时，假设将人体重心平衡的前后极限点连线分为十等分，重心向前移动到距离前极限点边界小于三分或向后移动到距离前边界极限点大于七分时，一旦受到外力牵引，较易失去平衡。所以前后均需留出三分余量，留出了余量就留出了反应时间，重心在此范围内移动较为稳定。平时练拳，双脚分开距离较大时拳架较低，距离较小时则拳架较高，总之双脚开步大小要视自身情况而定。

在陈氏太极拳套路中主要步法是三七步，当重心前移时接近于弓步，重心后移时接近于虚步，下势时则为仆步，只有少数定势站成马步或半马步。三七步的要点是裹胯扣膝。前膝里扣是防止对手踢我迎面骨，后膝里扣是使后膝始终对着前腿膝部。在练拳架时，身体有时会左右旋转，这时后膝也要内扣，不要外撇。如果后膝外撇，则会承受侧力，加重后膝的负担，容易受伤。

　　有的太极拳门派讲盘架子时两脚之间分成五个点，重心要在二四点之内运行，超过二四点即为过，说的也是同样的道理。总之，要将重心控制在自己易于掌握平衡的范围内，重心不能过，过则易失重而受制于人。

十字手

【先生讲】

十字手也叫抱十字。抱十字时要双肩内合，命门后撑，两臂十字交叉抱于胸前向外掤住。十字手用于防守且较为灵活。如站左架时，左手在外，立掌护胸，左肘护左肋；右手在内，立掌护头。

【解析】

十字手在太极拳中非常经典，各门太极拳中也各有妙用。打开十字手的动作称为太极手，也有叫大舞花手的。两臂打开时，一手转正托盘圈，另一手转反托盘圈，双手同时转一周，两腕出现交叉，回到十字手状态。十字手是太极拳的一种开门架，也称开门手，防守时内外接手均可，还可利用捯手使我从对手内侧变到外侧，或从外侧变到内侧。因此，十字手攻防兼备，灵活多变，是非常精妙的手法。但在陈氏太极拳83式拳谱中并没有将十字手列为单独拳势，而是作为过渡动作出现。泓生先生单独讲十字手，强调了十字手的重要性，是让我们重视十字手。平时看泓生先生做十字手动作，感觉他的门户封得非常严实，让对方无从下手，从中也可看出先生深厚的功力。

折合页

【先生讲】

折合页一是指胸背的开合运动，二是腰胯的折叠。胸背折叠是胸背左右两侧如同两扇门，以脊柱为轴进行的开合运动。可左右两边同时折叠，也可一侧折叠。腰胯折叠是指身体下沉或提腿时腹股沟向内折的动作。螺旋缠丝运动不仅包括圆转运动，还包括折叠运动，而折叠运动是通过虚实转换实现的。拳论讲："往复须有折叠，进退须有转换。"胸背折叠又叫折门板，练胸背开合劲，把胸背骨打开，使手臂托盘更加灵活；腰胯折叠是练腰胯的灵活性，在练下盘的磨盘功时，将腰胯的折叠运动与下盘的旋转运动相结合，组成更加复杂多变的缠丝圈。如果能把这种技术运用自如，拳法就会更加精妙。

【解析】

胸背折叠比较难练，在练六封四闭、初收、双推手、抱头推山等式时，胸背开合非常明显。胸部属躯干部分，不如四肢灵活，其开合折叠不好练。最好的办法是用肩圈来带，肩向后转带动胸部向外开，肩向前转带动胸部向里合。胸和背开合是相对的，胸开则背合，胸合则背开。

腰胯折叠的要点是，折胯时前腿不能向后拉，肩不能向后倒。向内折时，肩、胯、踝三点形成实虚实的关系。上下两点掤住劲为实，中间一点内折为虚。折制造出空的机会，引进落空，折是要点。腰胯折叠要配合下盘转磨盘的圆转运动，折胯时要将来力引向后腿，同时后腿要压弹簧。注意，下压时走弧线，并且要将来力反弹回去。如力从左侧来则向右侧反弹，从右侧来则向左侧反弹。

总之，折叠、推磨、压弹簧要同时进行、协调一致，各部位要节节相连、节节贯穿。胸背连接上肢和躯干，腰胯连接躯干和腿脚，通过折合页将手臂圈、腰胯圈和腿圈连接起来，形成三转一体的完整组合。折合页虽然是一种辅助功法，但其作用不可小视，是虚实转换的要点之一。

割镰刀

【先生讲】

上步抬脚时脚尖要内勾，然后向前擦地铲出，抬腿勾脚的动作就是割镰刀，就像割麦子一样。如做单鞭、懒扎衣等式时，出腿进步都要勾一下脚而后擦地铲出。落地时脚跟先着地，脚踝内转，脚尖内扣，套住对方脚踝，同时进身锁住对方的腿。提腿勾脚是摔法，勾脚时要往回勾，脚尖往里合，如果不收脚就是绊或别。

【解析】

在做单鞭、懒扎衣等式提腿的圈腿时，脚要上勾、内扣，这是摔法的动作，运用时需要手臂的配合，使手和脚形成合力。当脚内勾时，手臂要向外掤，形成剪刀力，使对手身体偏斜失去重心而被我所制。平时练拳走架，下盘定步要推磨盘，抬腿要割镰刀，手脚配合上下齐动，打法中含有摔法，实际运用时应打摔结合，才能灵活多变，提高胜率。

风摆柳

【先生讲】

　　风摆柳走的是扇面，有上摆、下摆、横摆之分。手臂要以肩为轴，肩以脊柱为轴，通过摆动走出扇面。太极拳是顺势而为的拳，而我的劲是由对方的力引起的，要顺着对方的来力引化。如对方按我手臂，我则引对方来力向左或向右摆动，如风摆柳般化解。

　　风摆柳功法的运用过程有两个阶段，第一阶段是化劲，即对方用力攻击我时，我用手臂接住对方来力并摆臂化解，让对方的力飘走；第二阶段是转换，即在走风摆柳化劲感觉到对方来力将尽时，我就走小圈进行转回，以拿住对方的力，转为我顺人背。这时转守为攻，可将对方发出。

　　运用风摆柳时容易把自己也带走，解决的办法是摆时要轻，中心勿偏。回摆时意想用自己的嘴咬一下对方，这是保持身法稳定的要领。

【解析】

　　风摆柳形象地解释了太极拳借力发力的原理。柳枝借风力而动，风力越大摆动幅度越大，摆动幅度越大回弹力也就越大。柳枝摆动时树干是不动的，根节实而梢节虚，有阴阳变化。身体是树干，两臂是柳枝，肩为根节，手为梢节，通过手臂摆动走出折扇的弧形扇面，并通过扇面边缘走出的弧形化解来力。风摆柳分为两个阶段，一是化劲阶段，二是发劲阶段，这两个阶段要一气呵成。接住来力后要掤住并顺势外摆化开来力，随之走弧线转回，转回时已变为我顺人背，紧接着即可发劲反击了。风摆柳的要点：一是摆臂，二是转腰，并且要腰臂配合联动。

　　泓生先生说："回摆时意想用自己的嘴咬一下对方。"我理解的是，老师说的对准对方咬一下，一是要保持自己重心不丢，二是为了对准对方的力点，找到并牵动对方的重心，使对方失去平衡。

　　风摆柳是大开大合的技法，如懒扎衣、白鹤亮翅、单鞭、背折靠、云手等拳式中都包含了风摆柳的技法。风摆柳要结合胸背折叠来练，这样可使摆动幅度更大、弹劲更足，只有坚持训练才能体会到其中的奥妙。

小溪潺潺

【先生讲】

小溪潺潺是一种发劲技法。小溪流水弯弯曲曲，是因为小溪当中有许多石头阻挡水流，水流一旦触碰石头就会改变方向，而后边的水流会不断向前涌，冲击挡路的石头，最终将石头冲开。小溪潺潺形容连续不断地发劲，这种连续发劲有时是不断加力的，有时是渐渐减力的，有时还会改变方向。运用时要根据具体情况而定，要通过长期练功仔细体会。

【解析】

溪水在遇到石头时，会从石头两边分流绕行，而当水流比较急时，水花会四处飞溅，这是由水的特性决定的。溪水遇到石头绕行是遇到阻力不顶，我们平时练推手遇到阻力时，要像溪水遇到石头一样不再继续加力，再加力就犯顶劲的毛病了。作用在受力点上的力要有变化，要由重变轻、由实变虚。力的大小不能对着受力点不变，应及时变化，不在受力点顶劲，这是小溪潺潺技法的第一个要点。

溪水在冲击石头时，多多少少会有一点向石头侧面的冲力，产生了使石头滚动的势能，在连续不断的冲击，且冲力足够大时，石头有可能会滚动起来，这就是溪水连续冲击产生的效果。在遇到阻力绕开力点时，要带一点侧力，通过连续的螺旋小圈回到力点，使力点受到连续快速叠加的侧力，直到足以将对手发出，这是小溪潺潺技法的第二个要点。

总之，小溪潺潺是一种在力点上不顶劲、掤住力点反复折叠，并连续快速加力的技法，十分精妙。泓生先生在讲拳时说过，出手要打出三个劲。在陈氏家传的练法里，常常在出手时打出两三个劲，甚至三个以上的劲。所以，在练拳时要有遇劲不顶和一势三击连续发劲的意识。久练必熟，熟能生巧，功夫真正上身后才能运用自如，小溪潺潺正是训练应变能力和连续进攻的技法。

捆劲

【先生讲】

捆劲是缠丝劲的一种，它是一种反关节技法，也是擒拿和解擒拿的手法。在实战接手时不能硬接，要运用缠丝劲化解来力，缠丝的螺旋拧转力能够捆住对方。捆劲是一种巧妙的缠丝劲，用劲要轻，是松活劲，要找出来力的缝隙，要在缝隙处缠绕，让对方在不知不觉中被捆住。

【解析】

捆劲是一种缠丝劲，是反关节的拿劲技术。运用捆劲时，首先要找到对方的力点，从力点边沿缠绕；其次要找到缝隙，从缝隙处缠绕。捆劲要轻，找到力点要掤住，既不能顶，也不能丢。劲顶了捆不住，劲丢了捆不着。因此，捆劲要巧，要有粘黏连随的功夫。

练捆劲还要知道"挽扣"。在练大圈时有时突然走了个小圈，然后再继续走大圈。这个小圈好像是绳子挽了个扣，有时会在动作的开始或结束时走小圈，这叫两头挽扣。例如，在懒扎衣动作结尾时，身体下沉的同时手腕要转一小圈，然后再向前推出。手腕的动作就是挽扣。熟练之后这个小圈是无形的，意念一动就走出来了。挽扣是大圈中的小圈，是练捆劲的重要环节。捆上了不系扣就捆不住、捆不紧，平素练拳时要细细品味，只有下功夫练出这种劲，方能体现出太极拳的精妙。

鱼跃劲

【先生讲】

我们都知道鲤鱼跳龙门的故事，鲤鱼想要跃出水面，必须要通过身体的抖动产生动力，这种动力是一种身体的反弹力，利用反弹力才能使身体跃出水面。尤其是鱼在受到惊吓时，身体会突然发力连续抖动，游得特别快，从而迅速逃生。平时练拳要模仿鱼跃的动作锻炼腰劲，因为腰是动力之源，同时要结合胸腰折叠和丹田转动练腰劲，腰活才能劲整，练好腰劲才能出功夫。

【解析】

泓生先生讲腰劲时用鲤鱼跃出水面的动作来比喻，很形象，同时要求结合胸腰折叠和丹田转动来练拳。王宗岳在《十三势行动歌诀》中说："十三势莫轻视，命意源头在腰隙，变转虚实须留意。"武禹襄在《十三势行功要解》中说："往复须有折叠，进退须有转换。"腰的"变转虚实"讲的是腰的转动，"往复有折叠"讲的是腰胯折叠和胸背折叠。转动是走圆，而折叠会出现棱角，似乎有些矛盾，其实不然。鱼身向左弓是蓄力，为向右弹做准备，向右弹出的同时为向左弹蓄劲，左右连续弹抖就产生了动力，鱼就可以借此跃出水面。我们在盘各种圈时要注意往复运动的变化，一圈当中劲力是在变化的。如向后转蓄劲，则向前发劲；向前转蓄劲，则向后发劲；向左转蓄劲，则向右发劲；向右转蓄劲，则向左发劲。不论是旋转、折叠还是缠丝，都有蓄发的过程，关键在于转换变化，如能掌握这一点，才能真正领悟鱼跃劲。

蛤蟆骨朵

【先生讲】

蝌蚪俗称蛤蟆骨朵，蛤蟆骨朵是圆身子带一个小尾巴，游起来身体晃动摆尾巴。蛤蟆骨朵是用来比喻一种小劲，动作很小，像蛤蟆骨朵一样小，实际上是转了个小圈。一般是在走大圈时，突然变小圈，这就是蛤蟆骨朵，也有人管这叫逗号，意思都一样。

【解析】

泓生先生说过，像蛤蟆骨朵这种技法，过去是不轻易外传的。你们所见到的陈氏太极拳套路，招式动作结束定势时，为了保持重心稳定，身体一般都向下沉一下，没有蛤蟆骨朵。先生所说的没有蛤蟆骨朵是说手腕没有转圈，也就是说没有梢节圈。

蛤蟆骨朵也好，逗号也好，都是小圈带个小尾巴。蛤蟆骨朵和逗号都很小，说明圈要小。小则巧，更加符合太极拳以巧胜拙的指导思想。小圈带出的小尾巴是变化的线路，由大圈变小圈劲由此入，由小圈变大圈劲由此出，指示出运动变化的趋势。

平时练拳，要注意这种小圈的变化。如懒扎衣、单鞭等拳式，在动作收尾时，丹田一转，腰劲一牵，带动手腕转一小圈，这个动作就是蛤蟆骨朵。这种劲是梢节劲，是鞭梢的卷劲，是一种小劲，但这种小劲是由大圈带出来的，往往使人感到意外，对方只是对前边的劲有所感觉，不料突然间却变了，手腕一转变了劲，使出蛤蟆骨朵劲来，使人促不及防、始料不及，这就是此法的精妙之处。

拧羊耳

【先生讲】

在金刚捣碓招式中，有左进右挒接进步撩阴的动作。右挒后，左手有个回手刁拿的动作，这就是拧羊耳。在农村放羊，有时羊不愿意走，向后打摽儿，于是羊倌就用一只手拧住羊的耳朵往前拽，另一只手推羊的屁股。羊一疼，就很听话地往前走了。这种拧羊耳推屁股的前后合劲，需要腰劲配合，腰劲一发，就可将羊向前牵走。

【解析】

拧羊耳有两种实用方法：

（1）反关节拿臂。

拧羊耳是刁手，是一种擒拿手法。前手接腕，拿指顺缠，这是拧羊耳；后手接肘按住肘尖顺缠，双手合劲形成缠拧劲，如拧毛巾。对方被拿住手臂反关节，动弹不得，为我所制。

（2）挒摔。

手法同上，对方被我拿住手臂反关节。这时，我以控制对方肘部之手为支点向另一侧旋转，同时，拧羊耳之手旋转前领，双手合住发劲，这种发劲是挒劲。由于对方被我拿住反关节非常难受，发劲时对方无法反抗，因此无须用太大的劲即可将对方发出。这种缠丝拿劲是陈氏太极拳的一种精妙技法。

小鸡啄米和小鸡望鹰

【先生讲】

小鸡在吃米时，不时地抬头向天空望一下，这是在观察天上有没有老鹰。勾子手就好像小鸡的脑袋，指尖向下就是小鸡啄米，指尖向上就是小鸡望鹰。在做单鞭的勾子手时，右手先缠一圈，然后指尖朝上转，这个动作就是小鸡望鹰，是解拿腕法；如果还没有解开，手就继续缠，同时指尖向下转，这个动作就是小鸡啄米，是反叼对方手腕。

【解析】

托盘功是练手臂的缠丝功法，而小鸡啄米和小鸡望鹰是练手腕的缠丝功。小鸡啄米和小鸡望鹰是讲指尖的领劲，带动手腕旋转运动，是锻炼手腕缠丝劲的功法。

小鸡啄米和小鸡望鹰是勾手动作的两种状态，指尖向下称为小鸡啄米，指尖向上称为小鸡望鹰。小鸡啄米和小鸡望鹰两个动作是相互联系的，要配合使用。由小鸡啄米变为小鸡望鹰是指尖由下向上的缠丝圈，由小鸡望鹰变为小鸡啄米是指尖由上向下的缠丝圈。在拿腕、解腕的擒拿法中，上缠、下缠要根据情况灵活变化。此法虽然简单，但真正掌握还需下一番功夫才行。

鸟回头和勾子手

【先生讲】

泓生先生在讲鸟回头和勾子手（摆脚跌叉）的要点时说，摆腿前要回头看。如右摆腿时头需向右回头看，这叫鸟回头。后来，在讲解同一式时，泓生先生说了这样一句话："鸟回头圈套圈，勾子手往回弯。"

"鸟回头"是在打摆脚跌叉时头部的动作，头部配合双手右缠划圈时向右后转动回头向后看，同时右胯向左裹紧，形成头部和右胯的合劲，为摆脚作准备。

"勾子手"是勾手的手形。要求拇指和食指指尖相扣，如同小鸡的头，中指和无名指紧紧扣在手心劳宫穴上，小拇指贴住无名指。这是陈氏太极拳勾手之一，这种勾手很独特，勾手上翻指尖向上叫小鸡望鹰，勾手指尖向下叫小鸡啄米。

【解析】

大概是在2019年春夏之交，那时泓生先生刚刚出院，心里惦记着拳场，在家待不住，于是骑电动车来到拳场。这是他讲的最后一课，到8月先生病情加重，于2019年8月24日不幸病逝。

泓生先生在拳场讲摆脚跌叉时说"鸟回头圈套圈，勾子手往回弯。"这句话讲到两个技法。在练摆脚跌叉时必须要有"鸟回头"的动作，而且手圈、肩圈、腰圈、胯圈、腿圈都要走出来，上下左右内外都有圈，圈中有圈，环环相套。在做勾子手时手指要往回勾，手腕要掤住劲。虽是一个简单的勾手动作，也要符合六合之理法。六合即内外三合：内三合，即心与意合、意与气合、气与力合；外三合，即肩与胯合、肘与膝合、手与足合。泓生先生说："外边的人打摆脚跌叉时一般没有鸟回头的动作。"

打摆脚跌叉时，是用腰胯的转动带动双手向右、向后划圈做双缠，这是为了将对手向右引带，紧接着我右胯继续转动并向里塞，抵住对方，准备做别摔的动作。为了配合手臂的动作，头部要向后转、回头看。为了将对方向右引带，先要向左转，待对方顶劲时双手顺势向右带，左右一引晃出空间再进身。身体各部要相互配合，环环相套，圈中套圈，这就叫"鸟回头圈套圈"。练太极拳就是要练出全身是圈、多圈联动的能力，劲力随机变化，令人难防。前人总结出的《乱环决》和《太极圈决》对此做了精辟的诠释。

乱环决

乱环术法最难通，上下随合妙无穷。
陷敌深入乱环内，四两千斤着法成。
手脚齐进横竖找，掌中乱环落不空。
欲知环中法何在，发落点对即成功。

太极圈决

退圈容易进圈难，不离腰顶后与前。
所难中土不离位，退易进难仔细研。
此为动功非站定，倚身进退并比肩。
能如水磨催急缓，云龙风虎象周旋。

附：

陈氏太极拳83式动作提示

由于泓生先生所传功法非常独特，为说明功法与拳架套路的对应关系，特将泓生先生所传陈氏太极拳功法中的名称术语作为套路动作提示列出，以便在套路练习时进行对照。

陈氏太极拳83式动作提示如下：

一、预备式

身体直立，双脚分开略宽于肩，眼睛平视，两臂自然下垂，中指贴于两腿外侧，虚领顶劲，气沉丹田。

二、金刚捣碓

①左双缠手→②右双缠手→③转身右捋→④左圈腿上步→⑤左双缠手→⑥拧羊耳→⑦卷拿→⑧上步抱缠→⑨冲天炮→⑩提膝、砸拳、震脚。

三、懒扎衣

①右太极手→②右转身内接捯手→③十字手→④右托盘→⑤右蛤蟆骨朵。

四、六封四闭

①右走线板+左盘肘→②右十字掤手→③翻十字→④左转身双手正托盘→⑤胸背折叠双开肘→⑥右进步挤靠双按掌。

五、单鞭

①小鸡望鹰→②小鸡啄米→③回身左圈腿上步→④左盘肘→⑤左正托盘→⑥左蛤蟆骨朵。

六、第二金刚捣碓

①左双缠手→②拧羊耳→③卷拿→④上步抱缠→⑤冲天炮→⑥提膝、砸拳、震脚。

七、白鹤亮翅
①右太极手→②右横步十字手→③亮翅摔。

八、斜行拗步
①右内圈手→②上左步左内圈手→③右垫步内圈手→④左搂膝手勾→⑤右手拗步鞭→⑥右蛤蟆骨朵。

九、初收
①双合手→②上开下合→③提左膝下按。

十、前蹚拗步
①左进步掤手→②左拜佛手外掤→③抱十字→④右进步双开手。

十一、第二斜行拗步
①右内圈手→②左内圈手斜行上步→③右垫步内圈手→④左搂膝手勾→⑤右手拗步鞭→⑥右蛤蟆骨朵。

十二、再收
①双合手→②上开下合→③提左膝下按。

十三、前蹚拗步
①左进步掤手→②左拜佛手外掤→③抱十字→④右进步双开手。

十四、掩手肱锤
①十字换步双按掌→②右线板翻手锤→③十字开合抱拳→④右冲拳。

十五、第三金刚捣碓
①金丝缠腕→②垫步双开手→③右太极手→④卷拿→⑤抱缠→⑥冲天炮→⑦提膝、砸拳、震脚。

十六、披身锤
①右跨步十字手→②翻十字→③双峰贯耳→④合手双抱拳→⑤右内圈手

锤→⑥左内圈手锤→⑦右内圈手锤。

十七、背折靠
①转腰右盘肘→②右转身靠。

十八、青龙出水
①右式端枪前刺→②下开合手→③反臂撩阴锤。

十九、双推手
①十字手→②翻十字左转回身→③左转回身双手正托盘→④右进步双推掌。

二十、三换掌
①开合手→②右正托盘换掌→③左正托盘换掌→④右正托盘换掌。

二十一、肘底锤
①右太极手→②左肘底锤。

二十二、倒卷肱
①十字手→②左退步双开手→③双合手→④右退步双开手→⑤双合手→⑥左退步双开手。

二十三、退步压肘
①右盘肘压肘→②左盘肘震脚压肘→③拿臂压肘。

二十四、中盘
①左正托盘外掤手→②提右膝迎门掌→③十字双按掌→④震脚左跨步→⑤左太极手左提右按。

二十五、白鹤亮翅
①右太极手→②右横步十字手→③亮翅摔。

二十六、斜行拗步

①右内圈手→②上左步左内圈手→③右垫步内圈手→④左搂膝手勾→⑤右手拗步鞭→⑥右蛤蟆骨朵。

二十七、闪通背

①开合手→②左退步右击肘→③右转身太极手→④白蛇吐信→⑤右定腕盘肘→⑥转身撤右步左劈右按掌。

二十八、掩手肱锤

①左式端枪前刺→②右震脚跨步十字双按掌→③右翻手锤→④十字开合抱拳→⑤右冲拳。

二十九、六封四闭

①十字手前掤→②翻十字→③左转身上步双手正托盘→④胸背折叠双开肘→⑤右进步挤靠双按掌。

三十、单鞭

①小鸡望鹰→②小鸡啄米→③左圈腿上步→④左盘肘→⑤左托盘→⑥蛤蟆骨朵。

三十一、云手

①右步外圈手→②左步外圈手（走三个或五个）。

三十二、高探马

①右退步左外接手→②左撤步合十字转身右横掌。

三十三、右擦脚

①右太极手→②左蹬脚进步→③双开手右擦脚。

三十四、左擦脚

①十字手→②右蹬脚进步→③双开手左擦脚。

三十五、蹬一根
①左转回身十字叉拳→②双开拳左蹬脚。

三十六、前蹚拗步
①左进步掤手→②左手正托盘外翻→③右进步双开手。

三十七、击地锤
①右内圈手→②上步左内圈手→③神仙一把抓→④右击地锤。

三十八、翻身二起脚
①右回身肘→②翻花舞袖→③踢二起。

三十九、兽头势
①跳步双缠左捋→②右辙步内圈手拳→③左内圈手拳→④护心锤。

四十、旋风脚
①双缠左捋右提膝→②右蹬步十字手→③左旋风腿。

四十一、蹬一根
①左撤步十字下交叉拳→②双开拳右蹬脚。

四十二、掩手肱锤
①回身海底翻花→②右震脚跨步双按掌→③右翻手锤→④十字开合抱拳→⑤右冲拳。

四十三、小擒打
①右金丝缠腕→②右太极手→③左步双开手→④开合手→⑤左双推手。

四十四、抱头推山
①转身开合手→②分手抱头→③右进步双推手。

四十五、三换掌

①开合手→②右正托盘换掌→③左正托盘换掌→④右正托盘换掌。

四十六、六封四闭

①右十字掤手→②翻十字→③右上步双托盘→④开肩双盘肘→⑤右进步双按掌。

四十七、单鞭

①小鸡望鹰→②小鸡啄米→③左圈腿上步→④左盘肘→⑤左托盘→⑥蛤蟆骨朵。

四十八、前招

①双缠左捋→②左跟步右挤。

四十九、后招

①左云手→②右虚步右捋。

五十、野马分鬃

①右太极手→②右进步分鬃手→③左太极手→④左进步分鬃手。

五十一、六封四闭

①双缠右捋→②下按左挤→③右上步左捋→④双手正托盘→⑤胸背折叠双开肘→⑥右进步双按掌。

五十二、单鞭

①小鸡望鹰→②小鸡啄米→③左圈腿上步→④左盘肘→⑤左托盘→⑥蛤蟆骨朵。

五十三、双震脚

①右太极手→②右转身十字手→③震脚双按掌。

五十四、玉女穿梭
①双开手右前蹬脚→②跳步回身双开手。

五十五、懒扎衣
①右太极手→②右转身内接捋手→③十字手→④右托盘→⑤蛤蟆骨朵。

五十六、六封四闭
①双缠右捋→②下按左挤→③右上步左捋按→④双手正托盘→⑤胸背折叠双开肘→⑥右进步双按掌。

五十七、单鞭
①小鸡望鹰→②小鸡啄米→③左圈腿上步→④左盘肘→⑤左托盘→⑥蛤蟆骨朵。

五十八、云手
①右步外圈手→②左步外圈手（走三个或五个）。

五十九、摆脚跌叉
①左进步双缠手→②鸟回头→③右摆莲腿→④落步震脚跌叉。

六十、左右金鸡独立
①右太极手→②左独立右托掌→③右震脚→④左太极手→⑤右独立左托掌。

六十一、倒卷肱
①十字手→②左退步双开手→③双合手→④右退步双开手→⑤双合手→⑥左退步双开手。

六十二、退步压肘
①右盘肘压肘→②左盘肘震脚压肘→③拿臂压肘。

六十三、中盘
①左托盘外掤手→②提右膝迎门掌→③十字双按掌→④震脚左跨步→⑤左太极手左提右按。

六十四、白鹤亮翅
①右太极手→②右横步十字手→③亮翅摔。

六十五、斜行拗步
①右内圈手→②上左步左内圈手→③右垫步内圈手→④左搂膝手勾→⑤右手拗步鞭→⑥右蛤蟆骨朵。

六十六、闪通背
①开合手→②左退步右击肘→③右转身白蛇吐信→④右翻手刁拿→⑤右转身背步摔。

六十七、掩手肱锤
①左式端枪前刺→②右震脚跨步双按掌→③右翻手锤→④十字开合抱拳→⑤右冲拳。

六十八、六封四闭
①右十字掤手→②翻十字→③右上步双手正托盘→④胸背折叠双开肘→⑤右进步双按掌。

六十九、单鞭
①小鸡望鹰→②小鸡啄米→③左圈腿上步→④左盘肘→⑤左托盘→⑥蛤蟆骨朵。

七十、云手
①右步外圈手→②左步外圈手（走三个或五个）。

七十一、高探马
①右退步左外接手→②左撤步合十字转身右横掌。

七十二、十字摆莲
①右太极手→②左进步双开手→③十字右摆腿→④回身海底翻花→⑤左进步端枪前刺。

七十三、指裆锤
①右内圈手拳→②左内圈手拳→③右指裆锤。

七十四、白猿献果
①十字掤手→②提右膝右上冲拳。

七十五、六封四闭
①双手正托盘→②胸背折叠双开肘→③右进步双按掌。

七十六、单鞭
①小鸡望鹰→②小鸡啄米→③左圈腿上步→④左盘肘→⑤左托盘→⑥蛤蟆骨朵。

七十七、雀地龙
①十字手→②左扑步下势→③进身左冲拳。

七十八、上步七星
①上步右冲拳→②翻手拳→③翻手掌。

七十九、退步跨虎
①翻十字→②退步分手按掌→③左虚步双合手。

八十、转身双摆莲
①右转身左摆腿→②双缠手鸟回头→③右摆莲腿。

八十一、当头炮

①落步抱拳→②左进步双冲拳。

八十二、金刚捣碓

①右转身太极手→②合十字→③抱缠→④冲天炮→⑤提膝、砸拳、震脚。

八十三、收势

①两腿立直→②双手上捧至胸前→③翻手下按→④双手回到体侧收势。

（注：套路动作提示中有的名称术语在第一部分的功法解析中没有提及，可在第二部分泓生先生传拳实录中查找相关内容。）